跨学科课程丛书　杨四耕　主编

项目学习

进入学科的课程智慧

蒋明珠　许　艳◎主编

华东师范大学出版社

·上海·

图书在版编目(CIP)数据

项目学习：进入学科的课程智慧/蒋明珠，许艳主编. —上海：华东师范大学出版社，2020
(跨学科课程丛书)
ISBN 978-7-5760-0578-3

Ⅰ.①项… Ⅱ.①蒋…②许… Ⅲ.①课程建设—教学研究—小学 Ⅳ.①G622.3

中国版本图书馆 CIP 数据核字(2020)第 255632 号

跨学科课程丛书

项目学习：进入学科的课程智慧

丛书主编 杨四耕
主　　编 蒋明珠 许 艳
责任编辑 刘 佳
项目编辑 林青荻
责任校对 王 琳 时东明
装帧设计 卢晓红

出版发行 华东师范大学出版社
社　　址 上海市中山北路 3663 号 邮编 200062
网　　址 www.ecnupress.com.cn
电　　话 021-60821666 行政传真 021-62572105
客服电话 021-62865537 门市(邮购)电话 021-62869887
地　　址 上海市中山北路 3663 号华东师范大学校内先锋路口
网　　店 http://hdsdcbs.tmall.com

印 刷 者 浙江临安曙光印务有限公司
开　　本 787 毫米×1092 毫米 1/16
印　　张 12.25
字　　数 159 千字
版　　次 2021 年 4 月第 1 版
印　　次 2022 年 11 月第 2 次
书　　号 ISBN 978-7-5760-0578-3
定　　价 38.00 元

出 版 人 王 焰

编委会

主　编　蒋明珠　许　艳

成　员　须　强　周代兵　王泽滢　张海英
孙宝静　杨珊珊　潘晓红　杨　麟
曹婷凤　沈吟春　赵　慧　陈海锋
方　兰　陈　豪　潘宝兴

丛书总序

跨学科课程：学校课程变革的时代走向

课程即科目，课程即知识，这种观念在人们的心里根深蒂固。其实，自古以来，课程就是“无学科”的，只是后来才发生了分化。古代社会的课程是以综合为特征的，专门化程度很低，与严格意义上的分科课程根本不能相提并论。换言之，原始的课程其实是“跨学科”的，是以人们对自身和外部世界的初态认识为基础的，学科分化是近现代以来的教育杰作。今天的跨学科课程是课程发展过程的否定之否定，是对此时代复杂问题的一种教育回应。

什么是跨学科？20世纪70年代，很多学者从不同视角对这个概念进行了界定。奥地利学者埃里克·詹奇(Erich Jantsch)将教育或创新组织看作一个自上而下的金字塔系统：目的层次、规范层次、实用层次、经验层次。詹奇认为，对于每一组相邻的层次而言，上一层次都赋予了下一层次目的性意义，而跨学科就是在相邻的高层次目的指导下，低层次中不同学科间的协调。通过多个层次目的的协调，最终得出适用于整个系统的共同目标，该共同目标可更好地协调整个系统以适应外界的变化。因此，跨学科的“跨界”属性是明显的，具有纵向协调和横向互动特征。

何谓跨学科课程？我们认为，跨学科课程是整合两种及以上学科的观念与方法，以解决真实问题为抓手，进而催生跨学科思维的一种课程范式。从“目的—手段”维度看，跨学科课程以获得跨学科思维为目的，以跨学科观念和方法为手段，以解决真实问题为中介。它既是一种以跨学科思维为取向的课程理念，又是一种综合探究性质的课程形态。

一、 跨学科课程是以跨学科思维培育为取向的课程

跨学科思维是一种整合思维，它通过移植、共融、联动、互补的作用机制实现学科整合，这些机制的本质就是跨学科思维，跨学科课程正是以这种整合思维实现对真实问题的解决。跨学科思维是高阶整合思维，具有跨学科的问题意识、边界识别意识以及领域互动意识等思维特征。

跨学科课程着眼于跨学科思维培育和整体性人格培养。英国哲学家怀特海（Whitehead，A. N.）说："教育只有一个主题，那就是五彩缤纷的生活。但我们没有向学生展现生活这个独特的统一体，而是教他们代数、几何、科学、历史，却毫无结果；……以上这些能说代表了生活吗？充其量只能说，那不过是一个神在考虑创造世界时他脑海中飞快浏览的一个目录表，那时他还没有决定如何将它们合为一体。"怀特海的观点是令人深思的：学科是单向的，生活实施完整的；学科不代表生活，生活需要智慧。联合国教科文组织国际教育发展委员会在《学会生存——教育世界的今天和明天》中指出："目前教育青年人的方式，对于青年人的训练，人们接收的大量信息——这一切都有助于人格的分裂。为了训练的目的，一个人的理智认识方面已经被分割得支离破碎，而其他的方面不是被遗忘，就是被忽视；不是被还原到一种胚胎状态，就是随它在无政府状态下发展。为了科学研究和专门化的需要，对许多青年人原来应该进行的充分而全面的培养被弄得残缺不全。为从事某种内容分得很细或者某种效率不高的工作而进行的训练，过高地估计了提高技术才能的重要性而损害了其他更有人性的品质。"因此，超越学科，走向生活，推进跨学科课程是学校课程变革的一个走向。

二、 跨学科课程是以解决真实问题为抓手的课程

化静态为动态、化抽象为具体、化知识为智慧，跨学科课程首先表现为课程

内容的这些改变。同时，运用跨学科观念，解决真实问题，发展学习者的跨学科理解力，跨学科课程本质上是学习场景与方式的变革。在这里，学习即探究、即行动、即跨界、即问题解决。作为学习方式，跨学科课程突破了行为主义学习理论将学习视为行为刺激与改变的观点，也突破了认知学习理论将学习视为信息加工、存储与提取的个体认知过程的见解。跨学科课程视学习为发生于具体情境中的社会关联实践，是具体的、鲜活的，是多维社会关联与交往互动的。跨学科课程是一种解决真实问题的实践活动，具有实践性、情境性和社会性特征。

2015 年，联合国教科文组织通过的《教育 2030 行动框架》将社会情感学习提上全球教育政策议程：教育不仅仅要关注认知学习，更要关注儿童识别和管理情绪、关心他人、做出负责任决定、建立积极人际关系及巧妙应对挑战性情境等社会情感能力的培养。所谓社会情感能力，就是学生在处理与自我、与他人以及与社会的关系中敏锐觉察和妥善应对的能力，其中既关涉“知道如何”的问题，又关涉“实践如何”的问题，是“认知”和“行动”的有机统一。佐藤学说：学习是建构客观世界意义的“认知性实践”，建构伙伴关系的“社会性实践”，探索自我的“伦理性实践”。把学习视为一种实践，一种建构客观世界的意义实践、编织自我同他人关系的交往实践、探索自我价值的生命实践，这是跨学科课程丰富多彩的学习面貌。

三、 跨学科课程是以跨学科观念和方法为手段的课程

世界的整体性、复杂性需要跨学科观念和方法，需要学科间的融合与渗透。法国学者博索特曾把跨学科方法分成三种类型：一是线性跨学科，即把一门学科的原理运用到另一门学科中的做法；二是结构性跨学科，即在两门或两门以上的学科结合中产生新的学科；三是约束性跨学科，即在一个具体目标要求的约束下，实现多学科的协调和合作。跨学科观念和方法是两门或两门以上学科之间相互作用的一种观念和方法。这种相互作用可能从简单的观点交流到在

一个领域内组织概念、方法论、认识论、术语、数据、研究和教学组织之间的相互融合，包含不同学科门类之间、学科和生活之间、自然科学和社会科学之间的多种合作形式。从跨学科的作用机制看，跨学科观念和方法比较有利于解决复杂问题。如果说单一学科方法旨在解决单一领域内的问题的话，跨学科方法则旨在整合不同学科观念和方法用以解决综合性的真实问题。

依据学科之间的整合程度与行动特性，我们可以将跨学科课程分为三种实践形态。一是多学科课程。多学科课程是在保留学科界限的前提下，用多个学科的视角、观念和方法探究一个问题或主题，由此催生多学科理解的课程实践形态。多学科课程的特点是既保持学科原有的逻辑体系，又在学科之间建立联系。二是融学科课程。融学科课程是将两种或两种以上学科融合起来，模糊学科界限以生成新的思维逻辑，在探究一个问题或主题中催生融学科理解的课程实践形态。如艺术课程融合了音乐、美术、戏剧、舞蹈等学科，就可以被视为融学科课程。三是超学科课程。超学科课程是跨越所有学科的界限，围绕共同主题展开探究性学习，在解决问题的过程中发展超学科理解力。如综合实践活动课程就属于超学科课程范畴。

当然，学科课程与跨学科课程是相对的，二者并不是对立的，而是相互嵌入、相得益彰的。只有当学习者充分理解了学科逻辑、具备了学科思维，才能在不同学科之间建立内在联系，进而创造性地解决复杂的真实问题，发展跨学科观念和能力。同时，任何一门学科课程，只有与真实的生活世界发生联系，在学科之间建立起了真正的联系，才能充分发展学习者的学科素养。

杨四耕

2020 年 4 月 8 日于上海市教育科学研究院

目录

即使是一项简单的技能，如游泳、开汽车等，也要在一定时间内不断地操练才能学会，更何况是复杂的作文技能。从作文教学角度看，掌握作文技能的标志是习得写作规则；这个写作规则不是知识性的规则，而是一种实践能力。“情境作文教学中同类题材的项目化学习”的核心是细化同类作文题材的内容设计，在设计时要综合考虑不同的因素和维度，以到达情境作文项目化学习的最优化效果。

数学中的问题解决历来都是学习数学的核心。这里的“问题”，指的是非常规数学问题，也就是说用课本中已唯一确定的方法或可以遵循的一般规则、原理是无法直接解决的，需要学生深入地研究和进一步思考，展开各种探究活动，寻求综合性的解决方法。数学课程的项目学习，就是围绕“问题解决”，设计利于学生探究的大问题，通过实践学习，帮助学生构建数学学科的核心概念，提升核心素养。

当今英语课程标准中明确提出要在学科教学中培养学生的英语学科核心素养，要求学生具备一些关键能力和必备品格，前者如自律能力、换位思考能力等；后者如智慧与知识、胆识与勇气等。学生能否结合主题进行有逻辑、有意义的语用表达，我们通过学生的英语学科项目学习尝试对其进行思维的激活和技能的培养。

前言

上海市嘉定区安亭小学于2017年底作为项目重点实验校参与嘉定区教育局重大课题“聚焦学生学习，提升课堂品质的区域行动”的研究，围绕着“学生学习”“课堂品质”这两个主题，根据学校实际情况确立了子课题“以项目学习方式提升学生学习品质的实践研究”。我们力图通过重组学科教材，优化教学内容，合理配置教学时间等方式，设计项目学习方案，对国家课程进行校本化实施；在项目化学习的过程中，转变师生角色关系，从而变革教与学的方式，使学生在好奇与兴趣、专注与坚持、自主与合作、迁移与运用、想象与创造等方面的学习品质得到提升。学校超过半数教师参与课题研究，项目学习从技艺类向全学科推广。

一、我们的思考

国家课程、地方课程和校本课程的最终落脚点在学校，学校是课程实施的主体。学校课程管理最为核心的就是如何依据上级的课程规定，因地制宜、切实有效地整体规划学校提供给学生的所有课程。随着上海二期课改的不断深入推进及对“课程”的更全面的理解，我校以学生发展为本，构建适合学生发展的课程；以改变学习方式为突破口，重点培养学生的实践精神和创新能力；加强课程的整合，促进课程各要素间的有机联系；结合本校“心中有他人，学习有毅力，实践有能力，创新有热情”的培养目标，进行课程综合改革的探索，对基础型、探究型和拓展型课程进行整合、重组，更好地为学生的全面发展服务。

（一）项目学习基于以学生发展为本的理念

安亭小学的办学理念是“响应儿童需要，享受教育生活”。学校应该为学生的综合发展提供一切帮助；应针对教育生活中儿童求知、审美、解决问题的需要，在课程建设中着重调用多种资源，满足儿童的求知愿望；在课堂教学中着力进行内容、形式的变革，建设“美的课堂”。我们信奉的课程理念是：学校教育的本体价值不是为了选拔适应教育的学生，而是为了创造适应每个学生的教育；学校和教育的基本任务是尽可能地为每一个学生提供适合其潜能和个性发展的充分的教育条件和教育机会。我们的项目学习实施对于课程内容的选择、课程结构的重组、课程评价方式的运用都是根据学生的需求，基于学生的发展，满足学生的需要。

（二）项目学习实施基于科学的学习理论

根据加涅的信息加工学习理论和布鲁姆的教学目标分类理论，我们认识到学习是一个积累的过程，智力技能各层次分类是累积性的，学习应与实践相结合，学习的目的是为了应用知识、提高解决问题的能力。学生的学习，特别是某些技能的学习需要一个积累和训练的过程，若学生的技能学习是零散的，缺乏连续性的，则学生往往需要很长一段时间的学习，才能学会某项技能，甚至某些学生还有困难。

课程整合的理论对教师、学生、教学本身都提出了更高的综合性要求，这种要求并非面向知识，而是强调把知识作为一种工具、媒介和方法融入教学的各个层面中，培养学生的学习观念和综合实践能力。杜威也认为将学校课程依照承认世界的逻辑或通则，划分为不同的学科或通则，虽然有利于系统知识的教学，但却忽略了人的生活世界，尤其不符合儿童的认知结构和生活经验。[①] 因此，我们尝试进行各类课程的整合，将技能的学习统筹在一个相对集中的阶段，使学生连续学习，这样不仅能提高学习效率，更能在学习中发现问题，及时解决，促进实效。

项目学习是一种以帮助学生提出问题，探索问题，培养批判思维，提高合作能力和动手实践能力为核心的学习方式，是推进教学变革的主要学习方式。上海教育科学研究院夏雪梅老师是这一领域的研究专家。她认为，学科项目化学习的设计应该是双线并行的，也就是说，一方面设计是基于课程标准中的关键能力或概念，另一方面又指向创造性、批判性思维、探究与问题解决、合作等重要的跨学科素养。这种项目学习的定位，体现了将学科学习的学与教方式的变革与真实问题解决情境的整合。[②] 我们在实践过程中，基于技能类学科教学中存在的问题情境——学习时间松散、难以有效形成技能，结合区重大课题“聚焦学生学习，提升课堂品质的区域行动”的研究内容，提出了“以项目学习方式提升学生学习品质”的研究命题。

二、研究的目的及意义

（一）开展项目学习研究的重要意义

1. 国家课程的校本化实施

国家课程、地方课程和校本课程的最终落脚点是学校，学校是课程实施的真正主体。学校一级的课程管理，最为核心的就是如何依据上级的课程规定，

① 段俊霞，潘建屯．课程统整中经验统整的问题与对策——以社会科为例[J]．教育理论与实践，2014，34(02)：44.

② 夏雪梅．学科项目化学习设计：融通学科素养和跨学科素养[J]．人民教育，2018(01)：62.

因地制宜、切实有效地整体规划学校提供给学生的所有课程。我校通过开展项目学习的研究，特别是技能集中学习，探索一条国家课程校本化实施的路径。

2. 遵循技能学习规律

通过将课程内容进行整合、调整课程时序，在学习时段内进行项目化集中强化学习，待学生掌握技能后，再回到常态学习中进行应用和巩固。这样不仅遵循了技能学习强化和巩固的规律，而且符合“学习金字塔”中的学习复现规律，学生在做中学、玩中学，提高了学习效率。

3. 体现学科核心素养

项目学习并不是“为项目而项目”，而是建立在学科核心素养基础上的学习，是本学科的核心素养积累、培养的过程。如音乐课中的口风琴项目学习从巴斯蒂安钢琴教程中得到灵感，从单音伴奏入手，循序渐进，不仅让学生快速、轻松地掌握伴奏、弹奏的技巧，同时也使学生增强了对乐句的理解、对和声的应用，增加了自信心，提高了学习兴趣，提升了学科核心素养。

4. 为发展个性特长奠基

学生在项目学习中找到了自身的兴趣特长，为后续学习打下了良好的基础。学有余力、学有特长的学生在“快乐活动日”拓展延伸工作的“430行动”中组成社团，发展了个性特长。

（二）开展项目学习研究的研究价值

① 通过集中阶段学习，学生能够较好地参与、融入不同课程的学习，并掌握各项学习能力，全面提高学习的效率和质量，促进学科核心能力的形成。

② 项目学习在国外多为跨学科的应用，和我国现有的课程设置和课程实施无法匹配。模块式的项目学习为在现有的学校条件下有效实施项目学习设立了支架。

③ 通过此项目的研究，使学生在好奇与兴趣、专注与坚持、自主与合作、迁

移与运用、想象与创造等方面的学习品质得到提升。

④ 通过项目研究、专家指导，使教师提升课程设计开发的能力；通过组内教师进行学习、研讨、合作、交流，形成“具个性、能专研、善反思”的合作型教师团队。

三、 我校模块式项目学习的前期探索

我校自2014年起，开展“安亭小学技能强化项目学习”的研究。该项目遵循儿童学习规律，改变原来课程设置中能力学习零散、非连续性的做法，以自然、音乐、美术、体育等学科领域的关键能力培养为任务，以课程模块为载体，使学生在做中学、玩中学，通过连续的集中学习掌握某项能力。在学习形式上，采用做中学的项目化学习方式；在学习时间上，集中时间进行强化训练；在课程开发上，突出学习内容模块化的特点。在成功体验中提高学生的学习兴趣，提升学生的学科核心素养和综合能力，为其后续自主选择学习和发展方向奠定基础。

操作分为两个部分：学科组层面根据国家课程标准，以教材内容为主重组课程内容，形成项目化任务，编制长达8课时的教程（学程），同时设计前期正常课时中的铺垫和后期正常课时中的跟进；教导处层面落实排课任务，在学期总课时不变的前提下，采用“短（正常教学）、长（集中教学）、短”和“大（年级）、小（班级）课”结合的课时排布，合理安排整个年级能力学科的教学时序。

2014学年度在四年级试行，2015学年度推广到四、五年级上、下学期，已实施八个国家课程的26个项目，如：音乐学科的口风琴基础、美术学科的汽车设计、语文学科的主题阅读、自然学科的光电磁实验制作、体育学科的篮球联赛等。通过近四年的实践，效果明显：学生能力功底扎实，学生学科核心素养和综合能力提升显著；教师课程能力得到发展，2名教师成为区教研员，3名技艺类

学科教师成为市名师工作室成员；主要解决了“能力学习弱化、学习效率低下、缺乏学习兴趣等”能力课程的学习困境。在技艺类课程中实施模块化集中强化项目学习取得了良好效果后，学校进一步研究，向语文、数学、英语等工具学科推广，全面开展“以项目学习方式提升学生学习品质的实践研究”。

四、相关概念阐述

① 项目学习。以小学阶段各学科领域的关键性技能的最优化学习为研究目标，通过重组教材，优化教学内容，合理配置教学时间等方式，形成技能学习项目化的课程模块，变革教与学的方式，以相对集中学习的学习策略，落实各学科的核心素养，提升学生技能学习的实效。

② 学习品质。区总项目组界定的学习品质主要包括三个维度：学习态度、学习行为、思维品质。本研究组织学生进行项目式学习，依据不同学科特点，使学生在好奇与兴趣、专注与坚持、自主与合作、迁移与运用、想象与创造等方面的学习品质得到提升。

五、研究的历程

第一阶段：准备阶段（2018.03—2018.05）

① 组建团队，专家引领。学校成立了项目组，招募了一批积极进取，致力于教学研究的教师。为了提升教师的理论水平和实践能力，学校积极组织项目组老师外出“取经”，同时聘请有关专家进行专业培训，提升教师课程开发能力。

② 借助第三方儿童发展评估团队对学生的学习素养与能力进行前测。前测的主要项目有认知、语言、运动、艺术素养、社会性情绪以及学习品质。测试的结果是：我校学生在运动方面的发展水平已经领先于同龄学生；在大部分认知、语言、艺术素养、社会性情绪项目中的发展与同龄学生基本相当，但在注意力（认知）和规则意识（社会性情绪）方面落后于同龄学生。学习品质项目的学习兴趣方面，我校四年级学生对"自然类"和"科学类"学科有较高的学习兴趣，"人文类"和"艺术类"学科的学习兴趣相对一般，"体育类"学科的学习兴趣相对较低。学习风格方面，学生的听觉学习风格占35.47%，视觉学习风格占34.76%，动觉学习风格占29.77%，表明我校学生整体更偏向于"听觉"和"视觉"学习风格。学生的学习习惯和学习态度良好。

第二阶段：教学实践与反思（2018.06—2019.02）

在总课题的方向指引下，各学科组根据本学科特点，进行学习项目方案设计、实施、评价。以课例研究的方式进行研究与反思，并形成课例研究报告。各个课程分别从自身学科的角度切入，不定期组织项目组教研活动，交流教学经验与困惑，开展教学展示。

第三阶段：完善、再实践（2019.03—2019.10）

在前一阶段实践研究、反思的基础上，对项目学习方案设计、实施过程、评价方式等进行修改完善。进行第二轮的项目学习实施。在区域范围内集中展示本项目研究的阶段成果。

六、主要成果

通过"以项目学习方式提升学生学习品质的实践研究"，我们取得了阶段性的研究成果，形成了"安亭小学项目学习课堂品质诊断"工具。

（一）“安亭小学项目学习课堂品质诊断”工具

1.《安亭小学学习项目方案设计评价表》

这份工具帮助管理者对教师的项目设计方案进行评价，类似于对教师的教案进行评价。

表1　安亭小学学习项目方案设计评价表

指标	评价标准			评价等级
	A级	B级	C级	
目标设计	教材、学情分析科学准确，学习目标制定基于标准	教材、学情分析基本科学准确，学习目标制定基于标准	教材、学情分析不准确，目标高于或低于标准，脱离实际情况	
	目标设计多维度，包含核心知识、认知策略、学习方式（如合作、主动、反思等）	目标设计维度包含核心知识或认知策略、学习方式等两项	目标设计维度只针对核心知识或其他单一维度	
	目标设计明确，以可视化产品为导向	有以可视化产品为导向的目标设计，但不够明确	没有以可视化产品为导向的目标设计	
过程设计	内容设计能整合学科多个教学内容或多个跨学科的教学内容	内容设计能整合学科教学内容或跨学科的教学内容	内容设计比较单一	
	情境创设真实，来自学生的生活实际	有较真实的情境创设，但与学生生活联系不密切	情境创设不真实	
	有主要的大问题设计，引发学生投入学习	项目设计以结果为导向，大问题或情境不突出，有一定的挑战性	没有大问题设计	

续　表

指标	评价标准			评价等级
	A级	B级	C级	
	任务设计有挑战性，激发学生探求欲望；需要以小组合作的形式完成	任务设计有一定挑战性，需要以小组合作的形式完成	任务设计简单，挑战性较差，不需要以小组合作的形式完成	
过程评价设计	评价设计指向学习目标，做到目标—实践—成果—评价一致性强	评价设计基本指向学习目标，基本做到目标—实践—成果—评价一致	评价设计基本指向学习目标，但目标—实践—成果—评价一致性较差	
	评价工具设计具体，多维度评价，能给予学生充分的指导	评价工具设计较具体，有两个维度的评价，能给予学生一定的指导	评价工具设计较简单，对学生的指导性不强	
	评价多主体，有教师、同伴、自己等	评价多主体，有教师、同伴、自己等	评价主体单一	
	评价设计能针对学习品质，有学习品质提升的标志	评价设计基本能针对学习品质，有部分学习品质提升的标志	评价设计未能针对学习品质，无学习品质提升的标志	
项目设计等级	评价等级在8A及以上且不含C，项目设计评价为A级； 评价等级在5A以下且含C级，项目设计评价为C级； 其余等级项目设计评价为B级			

2.《安亭小学项目学习学生学习品质评价标准》

课堂观察的视点、角度非常多，不可能做到全面覆盖。我们结合项目学习的特点与区项目组对学生学习品质的观察角度，开发了《安亭小学项目学习学生学习品质评价标准》。围绕“主动学习、合作学习、反思能力”三项学习品质对学生进行观察。每个品质分为三个观察点，如主动学习又分为三个观察点——倾听情况、发言情况、质疑情况，每个观察点分为三个层级，对该观察点学生的具体表现进行了描述。

表2　安亭小学项目学习学生学习品质评价标准

一级指标	二级指标	1级	2级	3级
主动学习	倾听情况 a	认真倾听老师、同学发言，并有所反馈（目光跟随、点头、质疑等）。	大部分时间能听老师、同学发言，偶尔有开小差、做小动作等现象。	对于老师和同学的发言缺乏关注，经常性走神或者在做与学习内容无关的事情。
	发言情况 b	有强烈的表达意愿，发言时充满自信，精神饱满，声音清晰响亮，语言表达思路清晰，内容正确且有自己的想法。	能主动发言，声音较响亮，能运用较为清晰流畅的语言表述自己的观点，内容基本正确。	基本不主动举手发言，对于项目学习过程中遇到的问题无任何反应，或采取低头、目光回避等行为。
	质疑情况 c	对项目学习表现出浓厚的参与兴趣，积极思考，主动发现问题并大胆质疑。	对项目学习较有兴趣，能认真思考问题，在组内说出自己的问题或困惑。	对项目学习内容兴趣不大，很难融入项目学习活动，未提出任何疑问或问题。
合作学习	自主探索 d	对于合作学习中的分工任务非常明确，制定条理清晰的操作计划并进行自主探索，能独立完成分工任务。	能知道自己的分工任务是什么并按照一定的操作思路去完成，分工任务的大部分内容由自己完成。	对于小组内的分工不太明确，不知道自己要做些什么，无法独立完成自己的分工任务。
	合作交流 e	熟练掌握合作技巧，按照规定的合作策略主动和组员进行配合和互动，并热心帮助有困难的组员。	掌握一定的合作技巧，能按要求与组员进行互助合作，在互动中能基本表达自己的观点并关注他人发言。	在合作活动环节帮不上忙，或经常与同学意见不合，无法清晰描述自己的观点，对他人发言不关注。
	合作成效 f	出色完成合作学习任务，为合作学习成果注入自己的独特性与创新性。	基本完成合作学习任务，对于合作学习成果有部分贡献。	合作学习任务没有完成，对合作学习成果贡献较少或毫无贡献。

续 表

一级指标	二级指标	1 级	2 级	3 级
反思能力	再现式反思 g	有强烈的求知欲，对于项目学习过程中习得的方法能够迅速掌握、理解消化并且进行学习迁移。	对于项目学习过程中习得的方法留有一定的印象，能够初步识记并有一定程度的理解。	对于项目学习内容印象不深刻，难以用较为清晰的语言描述出自己的学习所得。
	批判式反思 h	信息处理能力出色，反应迅速，对于教师与同学的发言能够快速加工处理，评价有理有据并能大胆质疑。	对于教师与同学的发言有自己的思考，能够运用较为通顺的语言进行简单评价。	对于教师和同学的发言难以评判，或者评价缺乏依据，思路混乱，表述出现明显错误。
	建构性反思 i	具备创新意识，对于问题的解决有自己独到的见解和明确的操作思路，表述清晰且有逻辑性。	有独立思考的意识，能够简要描述出解决问题的思路，表述通顺连贯。	难以用较为清晰的语言描述出解决问题的思路和方法，或思路混乱，或保持沉默不作答。

使用说明：本标准仅针对“主动学习、合作学习、反思能力”三项学习品质对学生进行观察。每项品质分为三个观察点，如主动学习又分为三个观察点——倾听情况、发言情况、质疑情况，每个观察点分为三个层级，对该观察点学生的具体表现进行了描述。观察者将观察到的学生表现对照本标准，以“字母＋层级”的方式进行记录，如观察到学生“主动学习”中“倾听情况”表现符合“1 级”指标中的描述，就记录为“a1”。

3.《安亭小学项目学习课堂观察记录表》

《安亭小学项目学习学生学习品质评价标准》是对学生的学习品质观察的标准，而《安亭小学项目学习课堂观察记录表》是依据评价标准进行课堂观察与记录，以反映学生在项目学习过程中的学习品质的真实情况。这两样工具需要配合使用。使用者能够将教师在课堂观察记录表中的所有数据进行汇总。使用者可以根据不同的需求进行数据分析，如对某一个学习小组的数据进行分析，也可以对全班某一项学习品质进行分析等。

表3　安亭小学项目学习课堂观察记录表(学生学习品质)

项目化学习主题						学科	
观察者						日期	
学习活动	观察对象 时间	S1	S2	S3	S4	S5	S6
	2						
	4						
	6						
	8						
	10						
	12						
	14						
	16						
	18						
	20						
	22						
	24						
	26						
	28						

续 表

学习活动	观察对象 / 时间	S1	S2	S3	S4	S5	S6
	30						
	32						
	34						
	36						
	38						
	40						
	42						
	44						
	46						
	48						
	50						
	52						
	54						
	56						
	58						
	60						

使用说明：

1. 填写本表前，须认真阅读《安亭小学项目学习学生学习品质评价标准》；

2. 表中“学习活动”一列是指围绕项目化学习开展的教学环节，通常包含“教师讲解”“合作实践”“交流展示”等部分，依据实际活动时间在列 1 空格内自行填写，并划横线做好环节区分；

3. 表中“时间”一列是指项目化学习进行的时间，每 2 分钟做一次观察记录；

4. 表中“S1”至“S6”是指观察对象，通常为同一合作学习小组成员，观察者依据合作学习小组成员在项目化学习活动中的表现，每 2 分钟在相应空格内进行一次等级评定，参照《安亭小学项目学习学生学习品质评价标准》，填写“a1，b2，f3……”；

5. 观察记录完毕后，可依据需要对学生个体、合作学习小组或者班级整体进行数据分析。

4.《安亭小学学生项目学习成果评价表》

这份评价表是为项目学习的特征之一“有可视化的项目产品”而设计的。

表4　安亭小学学生项目学习成果评价表

一级指标	二级指标	评价标准			评价等级
		A级	B级	C级	
项目成果展示	呈现形式	能够按照项目要求，完整、详细地呈现作品，并制作精美。	能够按照项目要求，基本完整地呈现作品。	作品呈现不够完整，作品呈现不太符合要求。	
		作品呈现能体现出较高水平的团队合作。	作品呈现能体现出一定水平的团队合作性。	作品没有体现团队合作性。	
		项目呈现具有多样的内容，包括公开成果和过程生成性材料。（如：作品、设计理念文本、PPT、口头报告、观察日志、过程记录、实验报告、项目方案、个人学习记录、小组清单、日记等）	项目呈现有内容，包括公开成果或过程生成性材料。（如：作品、设计理念文本、PPT、口头报告、观察日志、过程记录、实验报告、项目方案、个人学习记录、小组清单、日记等）	项目内容形式单一，无法呈现项目成果。	
	项目成效	成果能够很好地回应驱动性问题。	成果能够回应驱动性问题。	成果没有回应驱动性问题。	
		成果富有创意，有独到见解。	成果有创意，有一定见解。	成果没有创意。	
		成果有较高的借鉴价值或教育意义。	成果有借鉴价值或教育意义。	成果基本没有借鉴价值或教育意义。	
	项目推广	能够充分说明项目设计及规划，并极富感染力。	能够基本说明项目设计及规划。	项目说明不够完整，表达意图不明确。	
		项目得到全体学生认可。	项目得到大部分学生认可。	项目不被认可或仅有少数学生认可。	
		项目内容、方法被其他团队用于改进自己的项目，且被使用率高。	项目内容、方法能有效解决本组问题。	项目内容、方法不能解决本组问题，需要外来帮助。	

续 表

一级指标	二级指标	评 价 标 准			评价等级
		A级	B级	C级	
评价等级		评价等级在6A及以上且不含C,项目设计评价为A级; 评价等级在3A以下且含C级,项目设计评价为C级; 其余等级项目设计评价为B级。			
评语描述与建议					

说明:本评价表是为项目学习的特征之一"有可视化的项目产品"而设计的,是教师对于合作小组学生经历了项目学习之后所产生的项目学习成果进行评价。

(二) 工具的使用举例

下面以数学一年级学习项目"弯弯曲曲的小路有多长"为例,对安亭小学课堂品质诊断工具的使用进行说明。

1. 设计项目学习方案

结合教材内容与学习项目方案设计要求,一年级数学教师一脚踩中"几何小实践"中测量的知识点,设计了如下方案:

项目名称: 弯弯曲曲的小路有多长		
学科: 数学	**教师:** 孙宝静、刘志莲、许萍萍、沈思雨	**年级:** 一年级
相关学科: 探究型课程		
项目简述: 小朋友在美丽的校园中学习与成长,每天都会路过熟悉的走廊、小路、跑道等,它们有的直直的,有的弯弯的。那它们究竟有多长呢?小朋友们大多数都不清楚。我们通过实施以"弯弯曲曲的小路有多长"为主题的实践活动课,最终把校园里这些度量对象的数值呈现在标志牌和标志卡上,并悬挂或插在度量对象的上面。小朋友再路过的时候		

续 表

<table>
<tr><td colspan="2">就能一下子知道它们到底有多长了。学生首先要知道可以用来度量的各种尺及使用方法，与小组成员合作度量、收集数据、计算并分析度量结果，通过讨论用富有说服力的数据给校园中的不同的小路标上数值。在这一过程中，潜移默化地培养了学生的动手操作、合作交流、分析解决问题等能力。</td></tr>
<tr><td colspan="2">教材和相关材料：上海教育出版社出版的一年级第一学期数学教材</td></tr>
<tr><td>核心知识</td><td>1. 项目中的主要知识点
认识米、厘米、毫米，初步建立米、厘米、毫米之间的量感。
知道可以用不同的尺来度量长度。
能根据度量结果的误差分析原因。
2. 学科关键概念或能力
运算求解、推理论证、数学表达、数据处理。</td></tr>
<tr><td>大问题</td><td>1. 本质问题
如何用不同的工具测量弯曲物体的长度？
为何用不同的测量工具得到的结果不同？
2. 探究任务
为了给校园里弯弯曲曲的小路标上长度标志牌，组织学生以小组合作的形式完成探究任务。

“弯弯曲曲的小路有多长”任务单

度量小组：第(　　)小组
度量对象：弯弯曲曲的小路(一)

度量方法：
方法一：用(　　)量，结果是________。
方法二：用(　　)量，结果是________。
方法三：用(　　)量，结果是________。
方法四：用(　　)量，结果是________。</td></tr>
</table>

续　表

<table>
<tr><td rowspan="1"></td><td colspan="2"><table><tr><td>测量员</td><td>一拃长(cm)</td><td>一庹长(cm)</td><td>一脚长(cm)</td><td>一步长(cm)</td></tr><tr><td></td><td></td><td></td><td></td><td></td></tr></table>请你根据你们小组讨论的结果,选择合适的度量工具完成弯曲的小路的度量活动,比一比哪个小组的方法最多。填好任务单和评价单。</td></tr>
<tr><td rowspan="2">成果与评价</td><td>项目成果</td><td>评价的知识和能力</td></tr>
<tr><td>通过测量得到小路长度的数据,并制作弯曲的小路的长度标志牌。</td><td>能用不同的尺对弯曲的物体进行测量。
能记录有用的数据。
数学表达与交流。</td></tr>
<tr><td rowspan="2">实践与评价</td><td>项目过程</td><td>评价要点</td></tr>
<tr><td>1. 前情回顾,复习测量方法
出示走廊标志牌:
上一阶段,我们通过测量走廊的长度,探究出多种测量方法,我们小组成员群策群力,开动脑筋,积极解决测量时遇到的问题,根据我们的测量结果,给我们学校的走廊添上了一块新的长度标志牌。看到这块标志牌,全校的小朋友就知道我们的走廊有多长了,你们真厉害!你们还想给校园里的其他景物添上长度标志牌吗?
2. 引出本质问题
如何用不同的工具测量弯曲物体的长度?
3. 探究测量方法
讨论:像这样弯曲的小路你想怎样量?
小组内运用工具量一量小路模型。
4. 室外实践操作
(1) 用商定好的测量方案进行15分钟的测量活动。(测量次数不限)
运用刻度尺对弯曲的小路进行测量。
运用身体尺对弯曲的小路进行测量。
(2) 记录数据(带队教师帮助计算)
运用不同的工具测量后,分析数据,选择比较精确的数值填好长度标志牌。
5. 小组交流测量的方法与结果,制作小路长度标志牌</td><td>1. 数据收集
运用不同的工具测量,取得数据。对多次测量的结果进行误差判断,选择较精确的数值。
2. 数学表达
能运用测量、计算得到的数据,从数学角度形象生动地展示弯曲小路的长度。
3. 小组合作
能明确自己的小岗位职责,积极参与小组活动,为小组成员提供帮助。</td></tr>
<tr><td>教具与学具</td><td>皮卷尺、米尺、绳子、小路模型。</td><td></td></tr>
</table>

2. 课堂观察与数据分析

(1) 记录数据的说明

依据《安亭小学项目学习学生学习品质评价标准》，对学生"主动学习、合作学习、反思能力"进行课堂观察、记录、分析。本节实践课共进行了60分钟，共有5个合作小组，合计30名学生参与。每一组有一名老师担任观察者，记录组内学生的课堂表现。观察者每2分钟做一次课堂观察与记录，以反映学生在项目学习过程中的真实情况。最后将观察者记录的数据进行整理统计与数据分析，形成《安亭小学项目学习课堂观察记录汇总表》。

在60分钟的课堂内，以每2分钟一次的时间频率记录，共计30次，统计9个观察点(即二级指标)得到以下数据(图1、图2)：

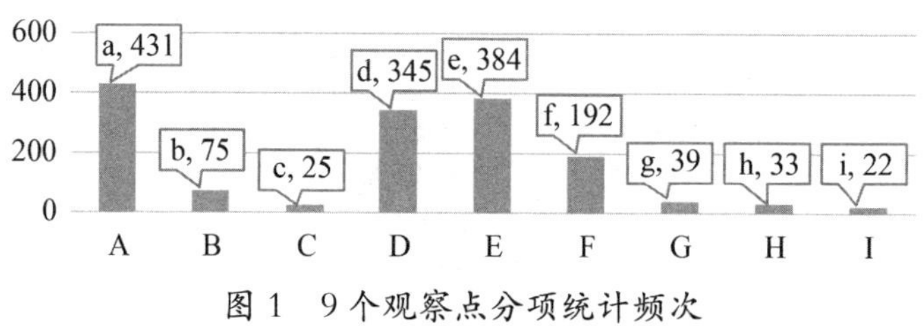

图1 9个观察点分项统计频次

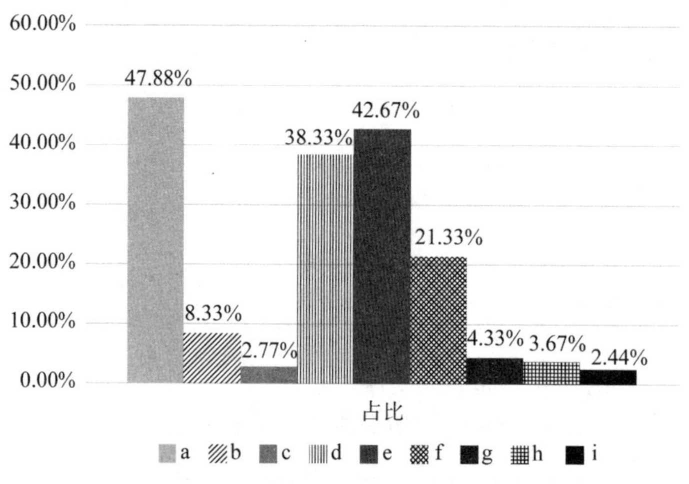

图2 9个观察点课堂表现分项占比

（2）三大维度的数据分析

① 主动学习。由图3可知，倾听情况(a)出现次数最多，有431次，平均每位学生有14.36次，约占总时间的1/2；发言情况(b)出现次数有75次，平均每位学生为2.5次，发言机会较为均衡，组内学生都有所表现，占总时间的1/12；对于质疑情况(c)，共有25次，平均每位约0.83次，占据不多，纵观全员，主要集中在部分学生，他们多次大胆质疑，表现突出，同时，有部分学生在质疑情况上并无表现。

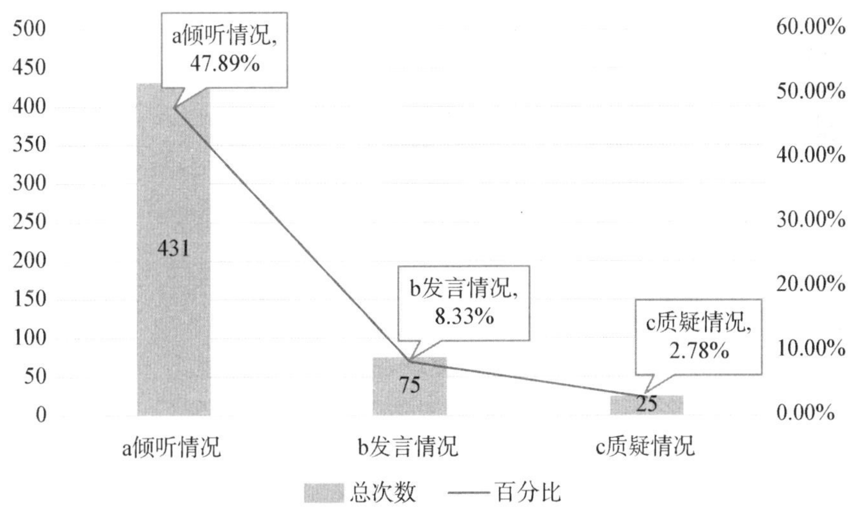

图3　主动学习3个观察点的出现次数与所占百分比

② 合作学习。学生的自主探索(d)共出现了345次，平均出现次数为11.5次，占总时间的38.33%，近2/5，并且由数据可以看出，学生之间次数波动较明显，所有学生中表现最多的为15次，最少的为7次，相差一倍有余，但以组内6人相比，数据方差不大，较为平均，由此可得学生在整个课堂中都能在合作学习中贡献作用，小组合力，共同进步。而合作交流(e)在整个课程内共出现了384次，学生平均表现12.8次，约占总时间的42.67%，小组合作学习中，交流是最

常见也最频繁的行为，这加强了合作，使得配合互动更加紧密。合作成效(f)共出现 192 次，平均每位学生 6.4 次，占总时间的 21.33%，超过 20%，各小组数据不一，差值明显，但组内数据则相比更加平稳，少有起伏，多为同一数值，可以看出，合作学习达到的效果是共同目标，只有每位学生都能达到，小组目标才有成效。

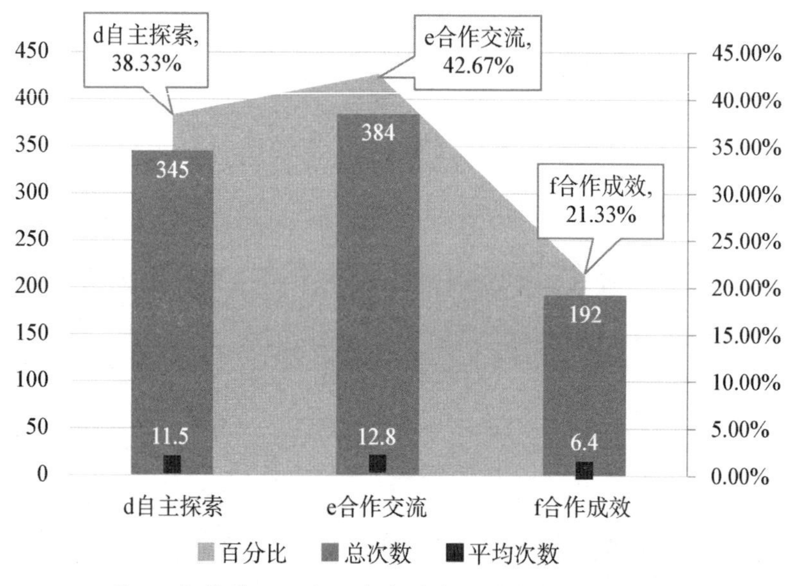

图 4　合作学习 3 个观察点的出现次数与所占百分比

③ 反思能力。再现式反思(g)在整个课堂共出现 39 次，平均每位学生 1.3 次，再现式反思每组都有出现，某一小组表现尤其明显，但大部分的表现都主要集中在个别几位学生上，课堂表现亮眼突出。同时，批判式反思(h)共出现了 33 次，平均每位学生 1.1 次，与再现式反思相同的是，批判式反思多次表现的情况主要集中在部分学生上，其他学生表现较少，有且仅有 1 到 2 次。建构式反思(i)总出现次数为 22，平均每位学生 0.73 次，是三类反思中最少的。

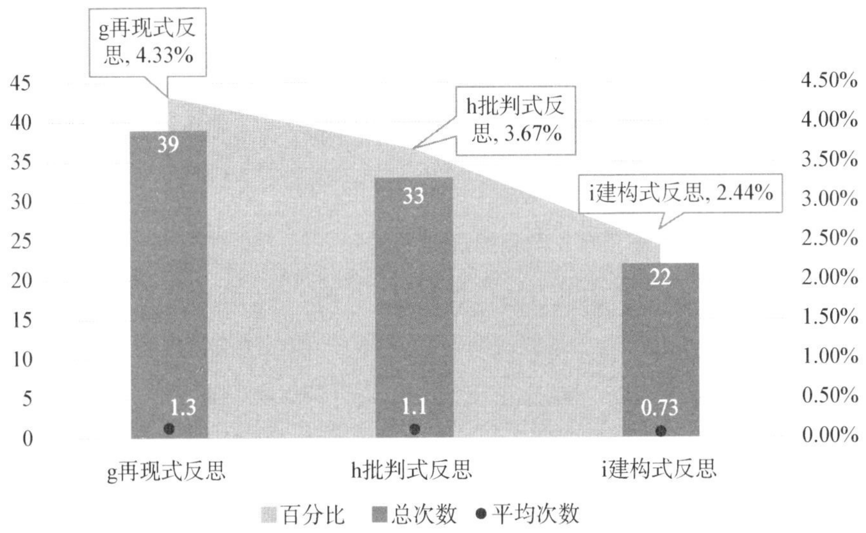

图 5　反思能力 3 个观察点的出现次数与所占百分比

(3) 对所呈现数据的思考

从本项目课堂实施所记录的数据来看，学生的合作学习与反思能力在课堂上都得到了训练与尝试并得到了展现的机会。与传统课堂相比，学生在合作学习与反思能力上有明显提高。可见通过开放式问题探究的活动，能给予学生更多机会参与数学活动，学生积极性高；通过挑战任务的设计，学生进行有效合作，并在此过程中不断反思，最终完成任务。同时，大量组间、组内的交流研讨，让每个学生都有发言机会，能表达自己的思考与理解。伴随着大量的倾听，学生、师生间的互相启发、相互讨论，将另一些同学的思维导向一个新的方向，出现一些新的视角，提出一些值得争论的问题。学生们对老师发言、同学发言的信息反馈积极、及时，能在理解的基础上主动思考，并大胆地提出自己的意见以及合理的反思改进，这样一个不断生成、不断建构、具有创造性的过程，能让学生的数学素养得到发展。

（三）工具使用的成效

同样以“弯弯曲曲的小路有多长”为例，对安亭小学课堂品质诊断工具的使用的成效进行说明。

1. 项目学习促进了合作与反思品质的提升

项目学习可以将更多的时间交给学生，让学生以小组合作的方式自主探究、彼此交流、实践操作、尝试解决问题，这样的过程虽然会使学生获取知识的速度受到一定影响，但是对学生思维能力的提升却大有益处。在本案例中，学生在掌握了用直尺度量线段的长度这一知识之后，通过运用小路模型进行组内合作交流尝试，初步掌握了测量弯曲小路长度的方法，初步建立了数学模型；然后再将这种模型运用于解决实际问题（真实的小路长度测量），不断地验证完善模型，提升了数学应用能力与问题解决能力。

项目学习过程中的“学习”意味着在面对多种情境时，解决问题与创造的过程带有转化的特征，转化陌生情境为自己熟悉的问题，转化常规的问题解决为新问题的创造性思考等。在这个过程中，学生运用数学知识解决问题的能力、遇到错误反思修正的能力得到了有效的激发。尤其在面对同伴的质疑，学生们经过反思能找出原因并且马上修正测量方法和数据，这对于低年级的孩子来说是难能可贵的。小学低年级学生的反思意识处于萌芽状态，他们的反思能力的培养离不开老师的耐心引导、设计数学活动和给予他们反思的机会，长此以往一定能帮助学生养成良好的反思习惯，从而提高学生的数学能力。

不仅是数学课堂，其他课程的项目学习同样让教师真正成为学生学习的合作者、引导者、促进者。在学习活动中，教师创设真实情境，激发学生的学习兴趣，使学生愿意学习、乐于学习。选择适当的教学方式，因势利导、适时调控，营造师生互动、生动活泼的课堂氛围，形成有深度、有效的学习活动。学生在项目学习过程中，在自主探究、小组合作、问题解决中进行持续性的主动学习，提升了合作与反思的学习品质。

2. 项目学习促进学生主动学习

项目学习能使学生充分参与课堂，成为课堂的主导者，让学生全身心地投入课堂，帮助学生发展各项能力与素养，尤其是在学习较为弱势的学生中，会让原本对学业不感兴趣的学生参与其中。

以案例中学生王同学为例。在日常的课堂中，王同学由于行为习惯上的缺点，课堂表现极为散漫，喜欢插嘴，注意力不集中；对于不感兴趣的内容少有认真对待，一旦自己举手却没有得到发言机会还会发脾气，完全不顾课堂秩序。虽然他本人是个机灵敏捷的男孩，但在这些缺点的掩盖下，他的课堂表现属于班级较低水平。这次的实践课却展现了他的另一面。在小组合作中，他的多次发言，提出的建议与方法，常常被其他人采纳接受并在活动中利用起来，几次有效的发言帮助小组顺利展开任务，潜移默化地确立了他在小组中的地位，不经意间他就成为了这一组的"领导者"，许多决定与选择都是由他开展。在活动实践操作中，他也展现了优秀的组织能力，合理安排指挥，帮助组内其他成员，是这一小组成员中表现最为亮眼、最为突出的。以下是王同学平时表现记录与本案例数据对比：

表5　王同学表现记录对比表

	a	b	c	d	e	f	g	h	i
项目课堂	11.08	2.33	2.92	5.83	7	1.75	2.33	1.75	1.75
传统课堂	9	1	1	2	1	0	0	1	0

与传统课堂（35分钟）相比，王同学在项目学习课堂的合作与反思表现都有突破，表现亮眼。为直观了解，将项目化课堂表现数据以"35/60"等比计算，与传统课堂表现对比，得到以下数据图：

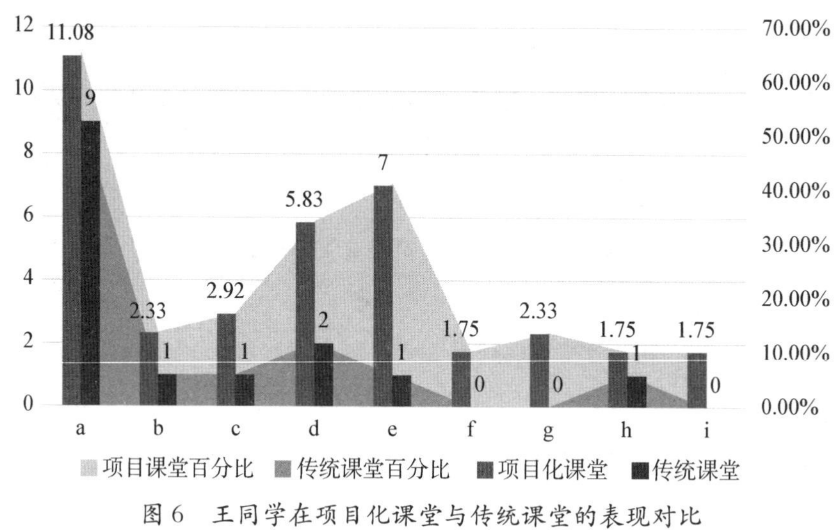

图6　王同学在项目化课堂与传统课堂的表现对比

项目学习为各层次学生都提供了机会与展示的舞台，在传统教学班级中水平较低的学生由于合作小组的成就而获得了他们的"社会地位"。对于水平较好的学生来说，由于在帮助其他学生学习的过程中，他们成为小组的"核心"，这一社会地位的变化也会使他们更为自豪和更有信心，从而付出更多的努力进行自身的学习和帮助同伴成功，有效促进了学生主动学习。

3. 工具开发促进课堂品质诊断

在项目学习的实践活动中，为了更好地了解学生的整个课堂的表现，针对不同表现有更加直观的掌握，我们设计了《安亭小学项目学习学生学习品质评价标准》，有针对性的标准聚焦在学生主动学习、合作学习、反思能力三个品质上；再配合《安亭小学项目学习课堂观察记录表》记录下第一手信息，经由《安亭小学项目学习课堂观察记录汇总表》进行数据整合，研究者可以从班级整体数据、各学习小组数据、单个学生的数据、整个班级某一项学习品质的数据等各个角度进行分析，为我校"以项目学习方式提升学生学习品质的实践研究"的成效提供了直接证据。

同时，这些数据方便教师从多维度、不同视角来更全面地评价学生，指导学生，帮助教师发现学生不同的一面。这些数据也便于教师“复盘”整个课堂，结合学生表现、反馈与课堂实施效果来逆推实际教与学上的优势与不足，凸显、指明可进步的方向和有待提升、可以修改的部分，帮助教师完善设计，从而对知识内容的认知有更深层次的理解与体会。

第一章

同类聚焦：语文课程的项目学习

即使是一项简单的技能，如游泳、开汽车等，也要在一定时间内不断地操练才能学会，更何况是复杂的作文技能。从作文教学角度看，掌握作文技能的标志是习得写作规则；这个写作规则不是知识性的规则，而是一种实践能力。“情境作文教学中同类题材的项目化学习”的核心是细化同类作文题材的内容设计，在设计时要综合考虑不同的因素和维度，以到达情境作文项目化学习的最优化效果。

一、同化迁移与情境作文项目设计

“情境作文教学中同类题材的项目化学习”是我校重点研究项目“以项目学习方式提升学生学习品质的实践研究”的子项目之一。这个子项目有三个关键词语：一是“情境作文教学”；二是“同类题材”；三是“项目化学习”。“情境作文教学”是指作文教学过程中，教师为了达到既定的教学目标，从教学实际需要出发，充分利用或创设与写作内容相适应的具体场景或情形，以引发学生的情感体验，触发学生探究、表达、实践的欲望，帮助学生顺利地、高质量地完成作文训练任务，提高作文教学的实际效率。“同类题材”指小学阶段某一类作文题材，如写人记叙文、记事记叙文、状物记叙文、写景记叙文等。“项目化学习”指将同类题材作文（三篇左右）组合成一个项目，学生在一个阶段内集中学习该类作文的写法，完成写作任务，从而掌握该类作文的写作技能。

（一）项目提出的现实背景

作文教学是语文教学的重点，更是一个老生常谈的难点，教师怕教，学生怕写。究其原因，纷繁复杂。我校语文课程教学改革提出“情境作文教学中同类题材的项目化学习”这一命题，是针对目前小学作文教材层面、教学层面的现状而开展的一项针对性改进研究。

从教材层面看，此前，我国的小学语文教材中并无独立的写作教材，作文训练内容是依附于文选型阅读教材的。不论是哪套教材，每学期都有一定数量的习作训练题（一般每学期 8 篇左右）。作文教学研究专家在反思六十年小学写作教材变迁时认为，“运用现有的写作教材却很难达成上述教学目标，因为在设计写作练习时，教材要么对写作内容与写作形式都不予指导，只是告诉学生写作的任务，要么在写作内容与写作形式两者之间偏于内容一头”①。更何况每学期仅有的数篇作文练习之间既无序列化的逻辑条理，也无精细化的指导路径，因此学生难以形成有效的作文能力。

从教学层面看，无论是老师教作文还是学生写作文，很有点“猴子掰玉米”的意味。一篇作文训练完成之后，不管学生对这类习作的作文知识是否掌握，作文技能是否形成，就接着写下一篇内容题材完全不同的作文。通常是记事作文、写人作文、状物作文、写景作文、看图作文等七拼八凑完成若干篇作文，就算完成了一学期的习作训练。写一篇丢一篇的现象非常突出，无法通过一篇篇零散、无序的习作训练形成学生有效的写作技能。

同类题材的项目化学习就是针对作文教学的这些现实问题的改进性研究，它使学生对某一类题材的作文，能在相对集中的一段时间内，通过“举一反三”式的操练，得到有效训练，形成能力。

（二）项目研究的实施方案

我们的研究目标是：以小学语文核心素养为指针，在立足作文教学课堂实践的前提下，通过小学情境作文素材内容的优化组合，设计同类题材情境作文项目包，使学生在一定时间段内对某一类型的作文题材进行写作技能的集中强化训练，从而优化教师对学生作文过程的情境指导，提高小学生的作文实效。

具体研究内容有三项。一是同类题材情境作文的理论基础，包含梳理语文课程标准中的情境作文教学思想，以同化迁移教学理论构建同类题材情境作文项目包。二是同类题材情境作文的组合设计，包含记实类情境作文同类题材项目包的组合设计，想象类情境作文同类题材项目包的组合设计，应用类情境作

① 丁炜，徐家良. 小学生写作学本的编写理论与实践[M]. 南宁：广西教育出版社，2015：56.

文同类题材项目包的组合设计。三是同类题材情境作文的迁移指导，包含优化同类题材作文教学的情境创设，优化同类题材作文教学的训练形式，优化同类题材作文教学的过程指导。

为实现上述研究目标，我们采取的研究方法主要有：

（1）文献研究法：通过查阅文献，梳理语文课程标准中的情境作文教学思想，认识同类题材情境作文的基本特点，以同化迁移教学理论构建同类题材情境作文项目包。

（2）案例研究法：选择部分同类题材情境作文项目包进行课例剖析，探索同类题材情境作文优化指导的教学策略。

整个项目研究，我们经历了三个步骤。一是语文学科子项目申报阶段（2018.09—2018.10）。这个阶段我们解读学校重点研究项目“以项目学习方式提升学生学习品质的实践研究”的具体内涵，结合语文学科作文教学现状中存在的问题，查阅文献资料，形成比较清晰的语文学科“同类题材情境作文教学”的研究方案，组建研究团队。二是语文学科子项目实施阶段（2018.11—2019.06）。这个阶段我们聘请专家进行项目论证，修改、完善项目研究方案；组织项目组成员解读项目内涵，开展实践研究，进行同类题材情境作文的组合设计，实施各类项目包的教学研究，探索同类题材情境作文教学的迁移指导策略。三是语文学科子项目总结阶段（2019.07—2019.08）。这个阶段我们整理项目研究的相关研究材料，开展同类题材情境作文教学的研讨交流活动，完成教学案例和子项目研究报告的撰写。

（三）项目设计的理论依据

作文是语文重要的核心素养之一，是学生运用语言文字，反映客观现实，表达思想感情，培养写作能力的综合训练。语文教育家朱作仁先生说：“写一篇文章离不开遣词造句，构段谋篇，要做到文句通顺、篇章合理不是一件轻而易举的事，只有经过相当时期的严格训练才能达到。”[①]因此，作文是语文学习中一项高级的智能训练活动。

我们知道，即使是一项简单的技能，如游泳、开汽车等，也必须在一定时间内不断地操练才能学会，更何况是复杂的作文技能，必须通过长期的、反复的训练才能获得。从作文教学的角度看，掌握作文技能的标志是习得写作规则。这个写作规则不是知识性的规则，而是一种实践能力，即作文能力。那么如何获得这种作文的实践能力呢？从理论上讲需要同化、迁移的过程。建构主义理论认为，学习是学生积极地对新知识进行主动构建的过程。学习应该与某种具体的情境进行联系，这样才能有效地发挥生活经验及原有认知对新知识的同化和迁移作用。

“同化”，原本是生理学概念，指有机体吸收食物之后将其转化为原生质。后来“同化”一词被引入心理学研究。认知心理学家皮亚杰的一位同事用“同化”解释儿童的认知发展，这种同化说认为儿童学习过程中的刺激(S)与反应(R)是一种双向关系：“刺激的输入是通过一个结构的过滤，这个结构是由动作图式所组成。儿童的行为仓库为了适应现实的需要，这些动作图式又进一步得到改变和充实。刺激输入的过滤或改变叫作同化(assimilation)；内部图式的改变，以适应现实，叫作顺应(accommodation)。”[②]在作文学习中，同类题材举一反三的训练，强化了刺激的输入，使某一类习作的写作规则图式在相同或类似环境中不断得到改变，不断丰富起来，最后形成新的写作规则图式，即真正掌握作文的技能。

“迁移”指一种学习对另一种学习的影响。[③] 学习迁移现象在小学生的语文学习中是普遍存在的，而且是多方面的，不论是知识，还是技能、情感、态度、习惯等，都可以迁移。例如，作文训练中，通过老师的指导，学生能较为顺利地完

---

① 朱作仁. 小学语文教学法原理[M]. 上海：华东师范大学出版社，1988：447.

② (瑞士)J. 皮亚杰，B. 英海尔德. 儿童心理学[M]. 吴福元，译. 北京：商务印书馆，1981：7.

③ 李维. 小学儿童教育心理学[M]. 北京：高等教育出版社，1996：296.

成《一次广播操比赛》一文的写作，这只能说学生仅仅完成了本次写作任务，而不能说学生已经掌握了“如何写一次比赛”这一类作文。要真正掌握“如何写一次比赛”这一类习作，还需进行习作规则的提炼和运用，通过举一反三，在《一次跳绳比赛》《一次歌咏比赛》《一次绘画比赛》等同类题材习作的反复训练中得到迁移，从而达到巩固和提高的目的。为什么要强调同类作文题材的迁移呢？因为学习迁移的发生是以相同要素（或共同成分）为前提的。只有当原先的学习情境与新的学习情境有相同要素时，原先的学习才能在新的学习中产生迁移。“广播操比赛”“跳绳比赛”“歌咏比赛”“绘画比赛”的相同要素是“比赛”，但比赛的内容是不同的。学生在习作训练过程中获得了一般原理的概括，即写作规则图式，所以才能产生迁移现象。也就是说，迁移学习强调的是学生通过自己的思维加工，借助新旧知识之间的联系，实现新旧知识的同化，从而达到巩固旧知识、掌握新知识的双重效果。

（四）项目内容的细化设计

“情境作文教学中同类题材的项目化学习”的核心是细化同类作文题材的内容设计。在设计时要综合考虑不同的因素和维度，以达到情境作文项目化学习的最优化效果。

1. 遵循课标要求

语文是最重要的交际工具，语文课程应使学生初步学会运用祖国语言文字进行交流沟通。对小学生而言，学习作文的主要目标是能根据日常生活需要，运用常见的表达方式，具体明确、文从字顺地表达自己的意思。

2. 重视学生学情

从小学生不同阶段的心理特点和认知水平出发，作文教学还需消除学生缺乏兴趣、思维定式、紧张恐惧等作文心理障碍，遵循从部分到整体，从仿到创，从放到收，从课内到课外，从吸收到倾吐，从师批到自改等基本规律，科学提高学生的作文水平。

3. 区分年段特点

低年级以写话为主，学习基本的句式，从写一句完整的话，逐步提升为写几句话，写一个句群乃至写一段话，能清楚连贯地表达自己想说的意思。中年级逐步从写段过渡到写一篇完整的文章，乐于书面表达，写下自己的见闻、感受和想象，尝试运用平时积累的语言材料，提升语言素养。高年级则能积累习作素材，写简单的记实作文、想象作文和应用作文，能根据表达的需要，学会文通字顺地分段表述。

4. 关注表达要素

写作训练中要关注各种表达要素，例如，要关注语言交际功能的发展，学会接受信息、概括信息、传递信息、交流信息；要关注语言表达的知识和能力，学习记实文、想象文、应用文，学会各种构段方式、表达方式和修辞手法；要关注语言表达的习惯，例如：观察事物，搜集素材，脑中构思，列出提纲，落笔成文，修改分享。

5. 强化思维训练

在有意观察的基础上，通过想象形成再现表象的能力，形成典型表象的能力，从具体的形象思维逐步向抽象思维过渡，最后逐步形成归纳推理、演绎推理的技能和求异思维。

现以中高年级段为例，设计“同类题材情境作文项目包”的习作素材（见表1-1）。

表1-1　同类题材情境作文项目包

习作类型	项目内容	同类题材
记实文	小游戏	丢沙包游戏；做木头人游戏；画鼻子游戏
	小活动	各类比赛活动系列；参观游览活动系列；班队活动系列
	小家务	洗手帕（红领巾、衣服）；包馄饨（饺子、粽子）；做蛋炒饭

续　表

习作类型	项目内容	同 类 题 材
	小实验	“摩擦生电”实验；“颜色变变变”实验；“铜球穿孔”实验
	小事情	校园小事系列；家庭趣事系列；社会见闻系列 （例如：玩纸飞机；画鼻子；老鹰捉小鸡；玩橡皮泥等）
	小制作	做贺卡；编中（小）队报；做团扇
	小伙伴	我的同桌；我的老师；我的×××
	小烦恼	我最讨厌的作业；老师，我想对你说；爸爸，我想告诉你
	小美景	校园一角；严泗桥（石拱桥）；市民广场
	小植物	菊花（荷花、仙人掌）；金橘盆景；含羞草
	小动物	小金鱼（小龙虾）；小猫咪（小狗）；小仓鼠（小八哥）
想象文	小图片	小猪学样（4 幅图）；小兔回家（2 幅图）；小鸭子得救（1 幅图）
	小视频	看动画片编故事；看哑剧编故事；看故事片段续编
	小童话	看图片编童话故事；听声音编童话故事；看童话续编童话故事
	小幻想	假如我是×××；20 年后的我；给词语编科幻故事
应用文	小通知	班级活动通知；少先队主题活动通知；校长室暑期放假通知
	小通讯	中队主题活动通讯稿；表扬稿；体育比赛获奖通讯稿
	小方案	小队活动方案；慰问孤老活动方案；班级逃生演练方案
	小感想	读《×××》有感；观《×××》有感；从×××想到了
	小书信	给同学的一封信；给父母的一封信；给远方朋友的一封信

以上习作素材的开发与设计有几个特点：

第一，文体分类明晰。所有的习作素材分为三类：记实文、想象文、应用文。其中以记实文为主，以想象文、应用文为辅，重点培养学生把人物、事物、事件表达清楚、描写具体。这是小学生作文教学的主要目标。同时，也穿插一些想象文、应用文的训练，放飞学生想象，培养学生能力。

第二，内容贴近生活。所有打包的一个个学习项目都冠以“小”的名号，“小”字系列的作文内容与小学生的学校生活、家庭生活、社会生活紧紧相连。因为生活是作文的源泉，源泉丰盈，素材丰富，是写好作文的重要前提。学生只有写自己熟悉的生活、事物，才能言之有物、言之有序、言之有情，才能达到“我手写我口，我手写我心”的最终目的。

第三，体现举一反三。每一个项目包内，都包含了三个或三个以上的同类题材（可供师生选择），并在一定时间段内，使学生集中完成某类题材的写作训练，产生熟能生巧的效果。梁朝刘勰《文心雕龙·知音》中有名句：“凡操千曲而后晓声，观千剑而后识器。”①奏曲、观剑是如此，作文亦如此，只有平时循序渐进、反复操练、逐步巩固，下笔时方能才思敏捷、妙笔生花，形成落笔成文、倚马可待的写作技能。因此，集中时间段内的集中训练，能使学生对某类习作题材的写法有清楚的认识，有巩固的机会，有提高的过程，这是对当前作文教学中“猴子掰玉米”式练习缺陷的有力矫正。

二、同类题材作文的集合化迁移

如前所述，每一个同类题材情境作文项目包内一般含有三次习作训练，教师应遵循从扶到放乃至到创的原则，开展集合化的精细指导。现以“校园小事系列”为例，对《玩纸飞机》《画鼻子》《老鹰捉小鸡》三篇同类题材的情境作文进行集合化迁移指导。

---

① （南朝梁）刘勰．文心雕龙（插图本）[M]．沈阳：万卷出版社，2008：467．

(一)《玩纸飞机》教学设计

教学内容

纸飞机是小孩子喜欢玩的一项课间游戏，可视作“校园小事系列”之一。这个题目中的“玩”字，实际包含两个过程，一是“折纸飞机”，二是“飞纸飞机”。要求学生把校园生活中的这个常见事情说清楚，写具体。

教学要求

指导学生分解“玩纸飞机”的过程，运用动作分解法，把“折纸飞机”“飞纸飞机”两个过程写清楚，并能写出玩纸飞机时的心情。

教学指导

(一) 课前准备

要求每位学生在习作前折好一只纸飞机，并飞一飞。

(二) 情境创设

学生展示各自折的纸飞机。请两名学生在讲台前表演“飞纸飞机”，注意观察纸飞机的飞行轨迹；每位学生都飞一飞自己折的纸飞机。教师出示例文，供学生对照修改。

(三) 指导步骤

1. 情境导入

课前要求每人折一架纸飞机。教师：“你们折了吗？飞过吗？”学生展示劳动成果。

2. 构思提纲

教师："我们要作的作文题目'玩纸飞机'中的'玩'字，实际有几个过程？"学生交流，教师板书作文提纲。

3. 写"折纸飞机"的过程

教师："说一说自己'折纸飞机'的过程。"先让学生在同桌间交流，再抽两名学生说一说。教师："想一想，折纸飞机大概有哪些动作过程？"根据老师提示，学生再各自说说"折纸飞机"的过程，并写下来。

4. 写"飞纸飞机"的过程

教师："谁愿意来飞一飞自己折的纸飞机？"请两名学生到讲台前飞一飞。其余学生观察同学的动作以及纸飞机的飞行轨迹。教师："说说飞纸飞机的过程。"每个同学都飞一飞自己折的纸飞机，并说说飞的过程。把"飞纸飞机"的过程写清楚；给文章加上头和尾。

5. 出示例文

教师出示了一篇"玩纸飞机"例文：要求学生对照阅读，交流阅读体会；根据交流情况，对自己的作文进行修改。

教学建议

三次创设情境时，要控制好相关因素。第一次的时间要短，仅是展示学生折飞机的成果，目的是激发兴趣。第二次分两次"飞纸飞机"，课堂纪律要控制好，观察目标要准确，做和说相配合。第三次要求学生对照例文阅读，需要看出不同点，能评判优劣，说出道理，为修改作文搭支架。

先玩再说，动静结合；先说再写，说写融合。作文教学的过程不能一说到底或一写到底，要遵循儿童的天性，随时调节课堂节奏，玩玩，看看，说说，写写，改改，多种学习行为交错展开，避免单调。

把修改习作的权利还给学生。修改作文不是老师的“专利”，而是学生的“责任”。但小学生绝对不会像成人那样主动修改习作，多数学生完成作文后普遍认为“大功告成”，“字字放光辉”。因此，教师要创设修改习作的教学支架，引导学生自读、互读、讨论、交流，逐渐养成自己查找问题和主动修改的习惯。

学生习作

玩纸飞机

星期天早晨，我在公园里看到小朋友在玩纸飞机，心里很羡慕。我问妈妈要了一张纸，自己折纸飞机玩。

我先把纸对折，沿着中间的印痕，把纸头一端的两个角折成两只等腰直角三角形。接着，沿着纸头的两条边再对折两次，这样就出现了两个小三角。然后，我把两个小三角朝相反的方向往上一折，有点翘起的样子，这就是纸飞机的“两只翅膀”。最后，把“两只翅膀”旁边的部分往两边拉拉平，一架有模有样的“战斗机”就做成了。

我拿着纸飞机，来到草坪上，开始“飞行训练”。我把纸飞机举在右肩上，侧着身子快速往前跑了几步，用力一掷，纸飞机脱手而出，在空中划出一道漂亮的弧线，平稳地向前飞行了三四米，好像一架战斗机在空中巡航。正当我得意扬扬地看着的时候，突然，纸飞机在空中转起圈圈，才转了三个圈，就如同一架被击落的飞机，直掉下来，一头栽倒在草地上。我心里一惊，好像真的是一架飞机落地了。

就这样，我玩了一次又一次，陶醉其中，都不想回家了。

（二）《画鼻子》教学设计

教学内容

“画鼻子”是小学生喜欢玩耍的一种游戏。把玩“画鼻子”的过程写清楚、写具体，对小学生而言，贴近生活，有话可写，有感可发。

教学要求

指导学生观察“画鼻子”的过程，能用比较通顺的语句，分几个步骤把玩的过程说清楚，把说的内容写具体；并按照评价量规，进行自我修改、评价自己的作文。

教学指导

（一）课前准备

要求每位学生在习作前玩一玩“画鼻子”游戏。

（二）情境创设

教师画一个缺了鼻子的“三毛”头像。让两名学生蒙上眼睛做一做“画鼻子”游戏。为学生相互修改习作提供评价量规。

（三）指导步骤

1. 回忆复习

（1）教师：“上一次习作是《玩纸飞机》，想一想，我们是怎样写这篇文章的？”

（2）学生交流，出示写作方法。

① 理清思路，列出作文构思提纲。 ② 先说后写，分步写清事情经过。 ③ 对照例文，交流修改作文初稿。

2. 情境导入

教师在黑板上画一个缺了鼻子的“三毛”头像。教师：“说说老师画了一个怎样的脑袋？看到这个脑袋你想干什么？这一节课我们要仿照《玩纸飞机》的写法，写《画鼻子》这篇作文。”

3. 第一次“画鼻子”

先请一位学生“画鼻子”，提出观察要求：仔细观察小朋友做游戏的过程。教师：“说说刚才小朋友是怎样‘画鼻子’的？”学生交流，教师指导并板书如下：蒙、问、答、拉、走、递、拿、摸、画、笑、解、笑。

4. 第二次“画鼻子”

请另一位学生“画鼻子”，提出观察要求：仔细观察同学是怎么“画鼻子”的？其他同学有什么反应？教师：“说说第二位同学‘画鼻子’的过程。”学生交流，教师指导并板书如下：蒙、走、摸、听、移、画、听、解、看、笑。

5. 分组说清楚“画鼻子”的过程

男生说第一位同学“画鼻子”的过程；女生说第二位同学“画鼻子”的过程。教师：“评一评，他们说得怎么样？”每位学生自己说说同学两次“画鼻子”的过程。说的时候，可以用上“疑惑不解、窃窃私语、议论纷纷、七嘴八舌、犹豫不决、哄堂大笑、不偏不倚”等词语。

6. 列提纲

教师：“你们感到‘画鼻子’游戏怎么样？（好玩、有趣……）想一想：这篇作文的提纲怎么列？可以仿照《玩纸飞机》的作文提纲。”

一、老师画了一张缺鼻子的脸，我们想要画鼻子
二、两位同学画鼻子的过程
1. 第一位：蒙、问、答、拉、走、递、拿、摸、画、笑、解、笑
2. 第二位：蒙、走、摸、听、移、画、听、解、看、笑
三、我们感到画鼻子游戏很有趣

7. 完成作文并评改

学生根据提纲和各自的口述，完成作文草稿。出示评价量规，小组内根据量规互评互改。

评价标准
1. 是否写清楚画鼻子的起因、经过、结果
2. 是否把画鼻子的过程写具体
3. 两次画鼻子写得是否有变化
4. 有没有写出班中学生看同学画鼻子时的反应

教学建议

第一，两次“画鼻子”的情境设计要有所不同。第一位学生“画鼻子”失败，第二位学生“画鼻子”成功。不同的情境设计，避免学生写两次“画鼻子”的过程雷同。

第二，三次说话训练的指导要到位。第一次“说说老师画了一个怎样的脑袋”，学生除了说清楚过程，也要说出心里的疑惑。后两次是让学生“说说画鼻子的过程”，要加强说话指导，一方面要用动作分解法说清楚、说具体，另一方面用词用语要准确。说话时的即时评价，可以是教师评价，也可以是学生互评。

第三，列作文提纲和修改习作要发挥学生的主观能动性。列作文提纲可以仿照《玩纸飞机》的作文思路，使学生学会迁移；而修改习作则要对照评价量规，让学生互评互改，提高修改习作的兴趣。

学生习作

画鼻子

上课了，须老师在黑板上画了一个圆溜溜的脑袋，脑袋上长着三根毛，肥耳朵，细眉毛，大眼睛，嘴巴笑得像弯弯的月亮。同学们看了在底下窃窃私语：怎么就缺了个鼻子呢？正在大家疑惑不解的时候，须老师开口道：“谁来给三毛画个鼻子？”噢，原来是做“画鼻子”的游戏啊。

“老师，我来！”“老师，我来画！”“老师，让我画吧！”……同学们争先恐后地举手喊道。须老师先请陶同学来画鼻子。他用红领巾把陶同学的眼睛蒙住，还问她：“看得见吗？”“看不见。”陶同学回答。须老师拉着她的手来到黑板前，递给她一支粉笔。只见她东摸摸，西摸摸，显得犹豫不决，最后下定决心画了个鼻子。教室里顿时哄堂大笑。陶同学解开红领巾一看，也忍不住笑了起来。原来，她把鼻子画到嘴巴里了。

第二次，须老师请了陆同学。陆同学像陶同学一样，来到黑板前画了一个鼻子，同学们再一次哄堂大笑起来，原来他把鼻子画到嘴角上了。

“我再请一位同学，齐同学，你来吧，”须老师笑着说，“希望你画得准点。”齐同学蒙住眼睛，来到黑板前。他刚想画，只听见同学们七嘴八舌地说了起来：

“向上一点！向上一点！”

“不对，向下一点！”

“朝左，朝左！”

“往右一点，往右一点！”

听到同学的提示，齐同学忽上忽下、或左或右地移动着拿粉笔的手，最终停下来，画了一个鼻子。教室里顿时爆发出一阵热烈的掌声。他解下红领巾一看，原来鼻子画得不偏不倚，正在脸蛋中央。怪不得大家都鼓起掌来。

画鼻子游戏真有趣，我也想上去画一画呢。

（三）《老鹰捉小鸡》教学设计

教学内容

“老鹰捉小鸡”是小学生经常玩耍的一种游戏，学生对“老鹰捉小鸡”的玩法清清楚楚，但写起来未必顺顺利利，教师需要在前两次作文的基础上，训练学生把“老鹰捉小鸡”的过程写清楚、写具体。

教学要求

以“老鹰捉小鸡”为例，指导学生把操场上某一游戏活动的过程说清楚，写具体，能表达出在操场上做游戏的高兴心情。

教学指导

（一）课前准备

在做作文前一天，可以让学生在体育活动课上玩一玩“老鹰捉小鸡”的游戏。

（二）情境创设

学生玩“老鹰捉小鸡”的照片。学生玩“老鹰捉小鸡”的录像。本篇习作的评价量规。

（三）指导步骤

1. 情境导入

教师：“游戏是大家都喜爱的活动。有些游戏可以在教室里玩，有些游戏则需要到操场上才能玩得开，昨天你们在操场上玩了什么游戏？”出示学生玩“老鹰捉小鸡”的照片。明确要求：今天这节课我们要写一写“老鹰捉小鸡”的过程。

2. 回忆写法列提纲

教师：“写‘校园小事系列’的小事，要注意哪些问题？”同桌讨论：作文提纲怎么列？交流板书。

老鹰捉小鸡

一、我们在活动课上做了“老鹰捉小鸡”的游戏

二、“老鹰捉小鸡”的游戏过程

1. 第一次：“老鹰”东奔西跑没捉到“小鸡”

2. 第二次：“老鹰”不停转圈子，捉到一只“小鸡”

3. 带三次：“老鹰”钻翅膀，又捉到一只“小鸡”

三、我们在欢笑声中结束了游戏活动（启示）

3. 细看录像说过程

放第一段录像，说说第一只“老鹰”捉“小鸡”的过程。放第二段，说说第二只“老鹰”捉“小鸡”的过程。放第三段，说说第三只“老鹰”捉“小鸡”的过程。

4. 学生打草稿后出示评价量规，对照标准，自我修改

评价标准
1. “老鹰捉小鸡”的起因、经过、结果是否完整
2. 三次“老鹰捉小鸡”的过程是否写具体，而且有变化
3. 每一次写“老鹰捉小鸡”时，“老鹰”“母鸡”“小鸡”三个角色是否都写到
4. 是否写出同学们玩“老鹰捉小鸡”时的快乐心情

教学建议

第一，三次“老鹰捉小鸡”的情境要不同。第一次“老鹰”没有捉到“小鸡”；第二次“老鹰”用转圈子的方法捉到一只“小鸡”；第三次“老鹰”用钻翅膀的办法又捉到了一只“小鸡”。

第二，要关注“老鹰”“母鸡”“小鸡”三个角色的互动过程。不能只盯着一个角色写。例如，“老鹰”第一次抓到“小鸡”时，教师可以这样板书，指导学生有序表达清楚：

老鹰：盯着	往左	往右	加快速度	使劲转圈	冲入	抓住
母鸡：张开	左右遮挡	不甘示弱	拼命遮挡	无可奈何		
小鸡：紧跟	叽叽喳喳	乱了阵脚	尖叫起来	束手就擒		

第三，写三次“老鹰捉小鸡”要有详有略。第一次可以略写，第二、三两次要

写得详细。

第四，看看、说说、写写的学习行为要相互交替进行。三次看“老鹰抓小鸡”的录像，三次说“老鹰抓小鸡”的过程，可以看一次，说一次，写一次。

学生习作

老鹰捉小鸡

星期一上午的体育活动课上，徐老师带我们玩了“老鹰捉小鸡”的游戏。

一开始，陆同学当“老鹰”，熊同学当“母鸡”，我们七八个同学当“小鸡”。游戏开始了。“老鹰”忽左忽右地奔跑，“母鸡”则张开“翅膀”及时阻挡，“小鸡们”不时发出阵阵逃命的叫声。可是，这只“老鹰”体力不足，“小鸡”没抓到，自己反倒累得气喘吁吁，惹得同学们哈哈大笑。

陆同学这只“老鹰”抓不到“小鸡”，徐老师建议让郭同学做“老鹰”，熊同学继续当“母鸡”。这只“老鹰”厉害多了！只见他紧盯着“母鸡”，时而往左，时而往右。“母鸡”张开翅膀忽左忽右地挡着，“小鸡们”跟在后面叽叽喳喳地叫着躲避。“老鹰”的速度越来越快，“母鸡”不甘示弱，也加快了速度，可“小鸡”跟不上，有点乱了阵脚。接着，“老鹰”抓住机会，朝着一个方向使劲地转圈子，“母鸡”拼命遮挡，“小鸡”吓得魂飞魄散，“啊——”地尖叫起来。最后，“老鹰”乘机冲入“鸡群”，一下子抓住了一只“小鸡”，还兴奋地说：“我抓住小鸡啦，我抓住小鸡啦！”同学们也高兴得哈哈大笑起来。

游戏活动继续进行着，“老鹰”想再抓只“小鸡”。他像上回那样东奔西跑，来回寻找机会。可这回“母鸡”张开“翅膀”，防得严严实实的。双方你攻我挡，来回奔跑。我想，这次“老鹰”没戏了，肯定抓不到“小鸡”。没想到，狡猾的“老鹰”

眼珠子骨碌一转，来了个声东击西的诡计。说时迟，那时快，只见“老鹰”往右虚晃一枪，立刻掉头往左一闪，“刷”地一下从“母鸡”的“翅膀”下面钻进“鸡群”。“小鸡们”顿时阵脚大乱，“叽叽叽”地惊叫着，四处逃窜。混乱之中，“老鹰”冲进“鸡群”，又抓住了一只“小鸡”。操场上再一次响起了同学们爽朗的笑声。

看来，不管做什么事情，都要动脑筋、想办法，才能取得成功。

（四）同类题材情境作文设计与指导策略

《玩纸飞机》《画鼻子》《老鹰捉小鸡》三篇同类题材的情境作文训练，是在同化迁移理论基础上进行集合化迁移指导的一个例子，从这个例子中，我们可以概括一些同类题材情境作文在设计和指导时的具体策略。

1. 优化同类题材情境作文的习作素材设计

面对一篇命题作文，学生首要的任务是寻找“写什么”，即根据题目回忆相应的人物、事件、内容。这对小学生而言是一件有困难的事情，部分学生甚至长时间无从下笔。因此，设计贴近学生生活实际的习作素材显得尤为重要。例如，本次项目化学习包“校园小事系列”中的三个习作素材“玩纸飞机”“画鼻子”“老鹰捉小鸡”，都是学生做过的游戏、玩过的事情，写起来得心应手，左右逢源。那么，为什么同一类题材要写三次作文，而非写一次了事呢？我们认为写作是一种技能训练，必须通过反复操练才能形成技能。多练习不是简单地搞题海战术，写完一篇换个题目再写一篇，而是集中时间强化训练某一技能。正如明代大儒吕坤在《社学要略》中所言：“作不得题，细讲一遍，仍作此题。一题三作，其思必尽，其理自通，胜于日一题也。”[①]这个说法是有道理的，因为学生对某一事物的认识不可能一下子达到全面、深入的程度，需要一个由表及里、由浅入深、同化顺应、模仿迁移的探索过程。现在有教师仿此法进行“一题多作”教改实验，实是高明之举，与我们开展的“一类三作”教改实践可谓不谋而合。清代教育家唐彪也有类似的经验：“作文有深造之法。如文章一次做不佳，迟数月将此题再为之，必有胜境出矣；再作复不佳，迟数月又将此题为之，必有胜境出矣。”[②]这种做法与“冷处理”的经验相仿，是符合学生认识规律的经验总结。当然，从技能学习的角度讲，“冷处理”的时间不必相隔数月，宜相对集中。

2. 优化同类题材情境作文的情境支架设计

情境作文的成功，关键在于情境支架的搭建。首先是搭建习作结构支架。所谓结构支架，指作文的写作提纲，或称写作思路。这是言之有序的训练。其次是搭建习作表达支架。所谓表达支架，是指把事情经过说具体、写具体的某种凭借。《玩纸飞机》中“折”和“飞”的过程，《画鼻子》中两次“画”的过程，《老鹰捉小鸡》中三次“捉”的过程，都有一系列的动作支架作支撑，目的是把过程写具体，这是言之有物的训练。再次是搭建习作语言支架。一种是语言形式，还有一种是词汇运用。语言是写作的建筑材料，不要干巴巴，应有意识地积累语言，逐步建立自己的语言词典，丰富自己的语言仓库。最后是搭建习作修改支架。重视习作例文的应用，重视评价量规的使用，把修改作文的权利还给学生。

从上述一组三次习作训练看，可以注意以下两点：

一是规则学习，例子先行。所谓形成技能，实际是熟练运用规则的过程。形成写作技能，实际是熟练运用写作规则的过程。梁启超先生说：“如何才能做成一篇文章，这是规矩范围内事，规矩是可以教可以学的。”[③]可见，基本的写作规则是可以学习的。如何学习呢？“按照奥苏贝尔的同化论，学习习得规则的

---

① 浦卫忠. 中国古代蒙学教育——历代少儿启蒙教育方法[M]. 北京：中国城市出版社，1996：147.
② （清）唐彪. 家塾教学法[M]. 赵伯英，万恒德，选注. 上海：华东师范大学出版社，1992：74.
③ 刘国正，陶伯英. 中国近现代名家作文论[M]. 郑州：文心出版社，1992：19.

形式有上位学习、下位学习和并列结合学习。但最基本的学习形式是上位学习和下位学习。”[①]上位学习是从例子到规则的学习过程，下位学习是从规则到例子的学习过程。可见两种学习过程都离不开例子。每次作文训练可以有一篇或几篇例文，而“同类题材”三次训练，实际也是一种例子，因为上一次的写作训练对下一次而言就是例子。因此，写作训练不是空讲写作方法，而是在实例中学习规则，在运用中内化规则，才能真正形成技能。

二是同化迁移，循序渐进。小学生的作文课在本质上是一种实践训练课，而不是理论知识课。小学情境作文就是开展作文实践训练课的具体体现。例如，三篇习作的结构支架，即写作提纲，第一篇教师详细辅导，第二篇学生仿照《玩纸飞机》的作文提纲，“依葫芦画瓢”，第三篇的提纲同桌讨论交流，各自列出。这是一个写作规则逐步学习，同化迁移的过程。再如，从三篇习作的教学设计过程而言，第一篇比较详细，后两篇则粗线条呈现，这也是一种循序渐进的设计思路。因此，教师要根据习作内容，从儿童的视角出发，设计梯度式的情境教学支架，帮助学生高质量地完成训练规程，逐步撤去支架，最终达到“跳一跳，摘苹果”的教学效果。

3. 优化同类题材情境作文的评改策略设计

对小学生而言，逐步学会自我评改作文，既是一种写作技能的训练，更是一种写作习惯的培养。“同类题材情境作文”的教改实验比较重视评改策略的逐步养成。例如，第一篇习作的修改训练，教师出示一篇质量较高的例文作为范例，引导学生对照阅读，交流阅读体会。

> 师：读了这段例文，你有什么想法？或者觉得自己的作文可作哪些修改？

① 皮连生.智育心理学[M].北京：人民教育出版社，1996：154.

生 1：例文说拿着纸飞机进行“飞行训练”，这比我的“飞纸飞机”更形象。

师：确实如此。

生 2：例文说“侧着身子”跑了几步，我没写到“侧着身子”。

师：例文的观察更为仔细，描写更为细腻。

生 3：我写的是“用力一扔”，而例文写的是“用力一掷”。

师：这有什么不一样呢？

生 3：这……这……

生 4：我知道，“扔”是口语，“掷”是书面语言。

师：有道理，写文章用书面语言更好。

生 5：我只写了“纸飞机快速地往前飞行”，例文还写了一句“在空中划出一道漂亮的弧线”，我好像也看到了一条弧线，但我没有写出来。而且例文还把纸飞机比作“一架战斗机在空中巡航”。

师：能发现不同之处，这是修改文章的重要基础。

生 6：我发现例文还用了一个比喻句“如同一架被击落的战斗机”，但我没有用比喻。

生 7：例文有两个地方还写到了自己玩纸飞机时的心理感受，一句是“正当我得意扬扬地看着的时候”，另一句是“我心里一惊，好像真的是一架飞机落地了”。它注意到了心情的描写。

师：说得真好！刚才大家对照例文，发现了自己习作中的一些不足，现在请你马上动笔修改这一段。

这是“范例对照”式修改，实际是对优秀范文的学习、比较、模仿，能让学生比较直观地感悟出范文中隐含的“写作规则”的含义及其运用方法，为动笔修改创造条件。长期如此训练，学生修改习作的能力必定能够得到提高。

后两篇习作的评改是“量规对应”式修改，根据习作评判规则，修改自己的作文。具体做法上也稍有差异：第二篇是同伴间对应量规进行互评互改，而第三篇则是学生独立对照量规进行修改。我们认为，修改训练的设计也要遵循循序渐进的原则，达到逐步提高的效果。

三、同类作文的自我评价量规

传统的作文评价，教师需要付出大量的时间和精力对学生的习作进行精批细改，学生缺乏发现习作问题以及对习作修改的主动性。作文评价量规是对学生作文水平或等级进行评定的一套标准，评价量规在作文评价中的运用让学生清晰明了地认识到作文写作的精细化要求，它能够有效帮助学生发现习作中存在的问题，帮助师生发现连接教学与理想目标之间最便于开拓的路径，在一定程度上有效提升学生习作评价、习作修改的自主性，并对于学生后续写同类文体的作文有较强的指导意义。

同类作文的自我评价量规重点关注学生对于某一文体写作技能的习得，兼顾对写作基本要求的评价。

1. 对于作文基本情况的评价

一篇习作能成文，离不开基本的字词句篇，对于小学作文而言，能做到文通字顺，中心明确，内容具体即可。在小学作文阶段，对于作文基本情况评价的量规要考虑学情，设计得简单明了，便于小学生操作。对于小学低段的学生，要求可以适当放低，对于中高段的学生，可以根据教材对于作文训练的侧重点对表1－2中的第3、第4点评价要求进行细化或扩充。

表 1-2　作文基本情况评价表

评 价 要 求	★★★★★	★★★★☆	★★★☆☆	★★☆☆☆	★☆☆☆☆
1. 字迹工整、美观					
2. 作文题目符合要求					
3. 语句通顺，没有错别字，能清楚表达意思					
4. 能围绕主题把内容写具体，重点突出					
5. 正确使用标点符号					

2. 对于文体写作要点的评价

在小学阶段，作文大致分为三类，即记实类作文、想象类作文、应用类作文，每一类文体都有不同的写作要求，教师需要对不同文体的写作要点进行提炼，并在同类作文教学中加以渗透，重点强调，在此基础上完成各类文体评价量规的开发。

（1）记实类作文

记实类作文在小学阶段主要包含写人记事、写景状物两种。

描写人物的文章离不开具体的事件，记叙事件的文章少不了人物的出现，所以二者在一定程度上是互通互融的，区别就在于文章的主题是侧重于写人还是侧重于记事。如果是写人的文章，人物的外貌、语言、动作、神态、心理、性格等就是写作要点。如果是记事的文章，时间、地点、人物、起因、经过、结果这六要素就是写作要点。小学阶段，这些写作要点通常要达到以下要求：①外貌描写，抓主要特征，真实合理；②语言描写，符合人物性格特征，自然生活化，运用提示语的四种形式；③动作描写，动词使用多样化、准确且顺序连贯合理；④神态描写，反映人物心情或体现人物性格，正确使用学过的四字词；⑤心理描写，真实反映人物内心活动；⑥人物的语言、动作、神态等描写能突出人物性格，特点鲜明；⑦起因描述清楚简洁，能引发阅读兴趣；⑧经过描述具体，占整篇文章大部分内容，把事件的来龙去脉讲述清楚；⑨有较为明朗的结果，结尾紧扣主题，点明中心。教师可以对上述写作要点进行筛选，依据具体的作文教学要求有所侧重地开发学生的自我评价量规。以"有趣的小实验"系列作文为例，依据作文主题及描写侧重点，可以设计如表1－3自我评价量规。

表1－3　"有趣的小实验"作文评价表

评价要求	★★★★★	★★★★☆	★★★☆☆	★★☆☆☆	★☆☆☆☆
1. 实验起因描述清楚简洁					
2. 实验准备工作描述清楚，罗列实验工具					
3. 运用"先……接着……然后……"等时间承接词描述实验过程					
4. 实验过程中的动作描写用词多样化、准确、连贯、合理					
5. 合理运用修辞手法、说明方法描述实验变化过程					
6. 准确记录实验过程中观察到的人物的语言、神态及自身的心理活动等					
7. 记录实验结果，有自己的体会、感悟或收获					

写景状物类作文包含两个写作要点，一是描写顺序，二是描写具体。小学阶段写景类作文一般有以下几种顺序：时间顺序（季节变换、早中晚、具体时间点等）、地点转换顺序、方位顺序等。状物类作文一般有下列几种顺序：自上而

下、自下而上、从外到内、从内到外、从局部到整体、从整体到局部、事物的几个方面等。把景物或物品描写具体通常需要运用一些修辞手法和说明方法，小学阶段常见的修辞手法有比喻、拟人、排比、夸张等，常见的说明方法有列数字、举例子、作比较、打比方、引资料、下定义等，教师可依据上述内容对写景状物类作文的自我评价量规进行有所选择地开发。

表 1-4　写景类作文评价表

评 价 要 求	★★★★★	★★★★☆	★★★☆☆	★★☆☆☆	★☆☆☆☆
1. 按照一定顺序写景状物					
2. 运用恰当的修辞手法、说明方法把景物写具体					

（2）想象类作文

想象类作文一般给定学生一个主题，让学生围绕主题展开想象写作，比如《假如我是×××》《20 年后的我》等，这类文体的写作需要学生依据主题进行情境创设，自编故事，并且要自圆其说。所以，想象的合理性和内在的逻辑性是想象类作文的写作要点。

表 1-5　想象类作文评价表

评 价 要 求	★★★★★	★★★★☆	★★★☆☆	★★☆☆☆	★☆☆☆☆
1. 有比较清晰的想象目标					
2. 能围绕主题开展合理想象，有具体事件描写					
3. 想象内容经得起推敲，前后没有矛盾之处					

此外，看图写话也是一种特殊的想象类作文，要求学生根据已有的图片内容，展开合理想象，描述一个完整的故事。看图写话的写作要点包含图片内容和想象内容两个方面。

表 1－6　看图写话评价表

<table>
<tr><th colspan="2">评 价 要 求</th><th>★★★
★★</th><th>★★★
★☆</th><th>★★★
☆☆</th><th>★★☆
☆☆</th><th>★☆☆
☆☆</th></tr>
<tr><td rowspan="3">图片内容</td><td>依据给定的图片，清楚地了解图片想要表达的主题。</td><td></td><td></td><td></td><td></td><td></td></tr>
<tr><td>清楚图片上的主要内容、次要内容及无关内容，在描述中主次分明。</td><td></td><td></td><td></td><td></td><td></td></tr>
<tr><td>按照正确的顺序描写图片内容。</td><td></td><td></td><td></td><td></td><td></td></tr>
<tr><td rowspan="2">想象内容</td><td>故事开头与结尾、图片与图片之间的过渡以及对图片出现内容的铺垫要有合理的想象内容的描写。</td><td></td><td></td><td></td><td></td><td></td></tr>
<tr><td>想象内容与图片呈现内容相符，中心一致，没有矛盾之处。</td><td></td><td></td><td></td><td></td><td></td></tr>
</table>

(3) 应用类作文

小学阶段常见的应用文包含通知、留言条、请假条、书信等，应用文的写作通常包含两个写作要点，一是写作格式，二是写作内容。在应用文类写作自我评价量规中教师需要精细化操作，列出写作格式及写作内容的核心要素，便于学生自我检查和自我评价，以通知为例，可设计如表 1－7 所示表格。

表 1-7　应用类作文通知评价表

评价要求		★★★★★	★★★★☆	★★★☆☆	★★☆☆☆	★☆☆☆☆
格式	第一行中间写“通知”二字。					
	第二行顶格写通知对象。					
	第三行空两格写通知正文。					
	正文结束后，在右下方写通知发布部门。					
	发布部门下方写上通知日期。					
内容	时间、地点、人物准确。					
	通知事件描述清楚。					
	使用礼貌用语。					

同类作文的自我评价量规开发将评价前置，让学生明晰写作要点，把握写作重点，同时也为学生自评、生生互评提供了评价标准和依据，有助于提升学生修改习作的自主性。本文提供的仅仅是同类作文自我评价量规开发的大体思路，教师在涉及具体的作文教学时，还需要结合学情、结合教学内容做进一步细化和优化处理，相信经过不断调整和改进，评价量规在作文教学中一定会发挥其功效，对学生习作能力的提升发挥重要作用。

第二章

问题解决：数学课程的项目学习

数学中的问题解决历来都是学习数学的核心。这里的“问题”，指的是非常规数学问题，也就是说用课本中已唯一确定的方法或可以遵循的一般规则、原理是无法直接解决的，需要学生深入地研究和进一步思考，展开各种探究活动，寻求综合性的解决方法。数学课程的项目学习，就是围绕“问题解决”，设计利于学生探究的大问题，通过实践学习，帮助学生构建数学学科的核心概念，提升核心素养。

一、开放性项目学习方案设计

（一）对数学项目学习的校本理解

1. 项目学习的本质

数字项目学习指向的是与数学本质有关的关键能力或核心概念。在一般的数学教学中，比较常见的是知识点的教学，大量的知识性内容挤占了教师和学生深入探究的时间。数学开放性项目学习是用学科概念作为聚合器，不断地聚集更多的知识信息，将知识性的内容整合起来。开放性数学项目学习更强调用高阶学习来带动低阶学习。大问题有一定的挑战性，学生在解决大问题的过程中整合基础知识与技能。

2. 项目学习与课标的要求

《义务教育数学课程标准(2011年版)》中明确指出，数学学习不仅包括数学的结果，也包括数学结果的形成过程和与蕴涵的数学思想方法。课程内容的选择要贴近学生的实际，有利于学生体验与理解、思考与探索。课程内容的组织要重视过程，处理好过程与结果的关系；要重视直接经验，处理好直接经验与间接经验的关系。① 现在，我们的课堂想要把“知识为本”的教学转变为“核心素养为本”的教学，把以讲授为中心的课堂转变为以学习为中心的课堂，这就必须要大力推进学习方式和教学模式的改变，而开放性项目学习恰恰是一个改变学习的生动实践。

---

① 中华人民共和国教育部. 义务教育数学课程标准(2011年版)[S]. 北京：北京师范大学出版社，2012：2.

3. 项目学习的现状基础

随着修订后课程标准的颁布，我们素养导向的基础教育课程改革进入了一个崭新的历史时期。新课标明确提出了 10 个数学核心素养，即数感、符号意识、空间观念、几何直观、数据分析观念、运算能力、推理能力、模型思想、应用意识和创新意识。[①] 项目学习能有效地培养学生这些 21 世纪所需的学习素养，并将素养转化为持续的学习实践。而我们当前的教育普遍重读书、轻做事，教育目的过于窄化、细化，导致学校学习成了死记硬背、刷题训练等，这些都不利于学生核心素养的形成。现在通过项目学习的开展，希望让学生在学习的过程中既获得知识，又获得促使其终身学习和发展的学习能力和品质。

（二）数学开放性项目学习的思考

1. 对学生综合数学素养的培养更为有利

数学项目学习的学业成果可能在当下并不能表现出明显差异，但是从长期结果来看，参与过数学项目学习的学生从学习中发展出了对数学概念更深的理解、更多的创造性思考和更深层次的思维，综合数学素养得到进一步的提升。

2. 同时强化数学学科学习和促进学生学会学习

史宁中教授认为，数学教育的最终目标，是要让学习者会用数学的眼光观察现实世界，会用数学的思维思考现实世界，会用数学的语言表达现实世界。[②] 所以，我们应该在适当的范围内探索数学项目学习，重点关注数学的核心概念，设计出引发学生主动投入探索的挑战性问题情境，通过探究性的、调控性的、社会性的数学实践引发学生有意义的数学互动和交流。

---

① 中华人民共和国教育部. 义务教育数学课程标准（2011 年版）[S]. 北京：北京师范大学出版社，2012：5.

② 刘祖希. 访史宁中教授：谈数学基本思想、数学核心素养等问题[J]. 数学通报，2017，56(05)：3.

3. 激发在传统学习中处境不利的学生产生更主动和有意义的学习

项目学习的重要特征之一就是通过有意义的大问题激发学生的兴趣、增加学生的学习热情，使其主动投入学习。项目学习对真实世界的关注，会让那些对学业原本不感兴趣的学生在解决真实的现实问题时，通过试验和试误来进行推理，使其更加投入学习。

（三）数学开放性项目学习方案的设计与实施

我们的数学项目学习是从大问题出发，结合学生已学过的内容，通过一系列学习实践活动，构建学生的数学核心概念，提高学生的数学核心能力。

1. 指向核心概念和核心能力

数学开放性项目学习指向的是与数学本质有关的核心概念或核心能力的整体理解。在设计项目学习时，每个备课组都需要挖掘程序性知识（技能）背后的概念，用学科概念作为聚合器，不断地聚集更多的知识信息，将事实性的知识整合起来。例如，“水表里的秘密”这个项目，融合了三年级的“单价　数量　总价”、三年级的“条形统计图”、四年级的“求近似数”等内容，将很多知识信息整合在了一起。学生在学习过程中，他们的运算求解、数学表达、数据处理等能力都能得到长足的发展，问题解决的能力也得到相应的提高。

2. 创设大问题

在项目学习过程中，知识的获得来源于对问题的认识和解决的过程。学习开始时遇到问题，问题本身推动了解决问题的应用，同时也激发了学生自己查找信息、学习关于此问题的知识以及解决问题的方法。所以，每个备课组所设计的大问题尤为重要，它一方面能引发高阶思维，另一方面能提供问题化的组织结构，为信息和内容提供有意义的目的。例如，我们五年级组设计的“购物的优惠问题”，设计的大问题就是：“老师要在六一节为同学们购买礼物，但是商店里有不同的优惠方式，怎样购买才是最合算的？”通过问题引发学生对概念的思考和探索。这样的大问题很有意思，同时又是开放的、不确定的。此外它又是指向核心能力的，不只是简单的收集信息，更是指向高阶思维。

3. 设计学习实践

项目学习要锻炼和培育的是学生在复杂情境中的灵活的思维转换，是一种包含知识、行动和态度的“学习实践”，而不是按部就班完成探究的流程。所以，我们每个备课组在设计项目学习时，总是出现尽可能多元的学习实践，以满足学生的多元需求。例如，三年级组设计的“铺地砖中的数学问题”，孩子们在项目学习过程中会遇到很多问题：如何测量图书馆的长和宽并计算出面积，如何对数据进行分析，如何选择大小合适的地砖，如何计算地砖的数量和总价，等等。又如，二年级组设计的“今天我这样上学”，学生会遇到统计的问题，时间的认读和时间段的计算，同时他们还要综合考虑环境保护、绿色出行的因素，为父母送自己上学的方式提出可行性建议。

4. 安排成果与评价方式

项目学习成果是指在项目学习结束时产生的作品、产品、报告等①，而评价是与成果的产生、公开的成果汇报紧密相连的②。每个备课组在设计时要考虑可能的成果方向和评价要点以及成果的量规设计，但也不能一开始就给学生一个成果样子供学生模仿或参考，这会限制学生的思考和想象。此外，项目学习还要对学习实践的整个过程进行评价，以引发更深层次的学习和理解。例如一年级在开展项目学习时，每个小组的组长就要对组员们的活动过程进行评价。每一组的活动结果，老师在小组汇报的时候都要进行总结性评价。不管过程性评价还是总结性评价，开放性数学项目学习的评价都要对学生的探究性、实践性和社会性进行评价，因为这三个维度是与学生的数学交流、推理能力密切相关的。

---

① 夏雪梅. 项目化学习设计：学习素养视角下的国际与本土实践[M]. 北京：教育科研出版社，2019：104.

② 夏雪梅. 项目化学习设计：学习素养视角下的国际与本土实践[M]. 北京：教育科研出版社，2019：114.

综上所述，开放性数学项目学习最终指向的是学生学习品质的提升，他们在思考、认知和决策时所表现出来的整体灵活性、心智的自由，让我们觉得十分欣喜。希望我们在后续的项目学习实践研究中有更多的探索，孩子们在项目学习中有更多的收获。

二、指向学科核心能力的项目实施路径

（一）确定“目标＋驱动”的项目目标

在项目学习中，我们教师常常要思考的是“想让学生学什么”，然后让它去推动学习过程和学习结果。也就是说，确定项目目标时，要把学生放在首位，分阶段地设定目标，重视学生核心能力的提升，驱动他们更投入地参与到学习中。下面，就以三年级“铺地砖中的数学问题”这个项目为例进行具体说明。

1. 分阶段设定的目标设计

人们对学习者进行学习活动所要达到效果的期望是由学习目标体现的，由于项目学习的历时时间较长，学习内容涵盖面广，各个阶段的任务虽然联系紧密但各有侧重，所以教师应根据各个阶段内容的特点，设计相应的阶段目标。这样一方面使项目学习目标更加具体明确，另一方面阶段化的目标可作为各阶段学习评价的参考指标，评价即更显客观，更具针对性。

在“铺地砖中的数学问题”这一项目中，教师根据项目学习过程，设计了四个阶段目标。第一阶段目标：能以小组为单位，测量出图书馆的长与宽，画出图书馆的平面图，并算出面积。第二阶段目标：分小组进行调查，搜集铺地砖时会遇到的问题，最后把这些问题交流汇总，以PPT的形式呈现。第三阶段目标：能以小组为单位，到建材市场测量并计算不同规格地砖的面积，根据地砖价格

的不同，选择合适的地砖。第四阶段目标：根据图书馆和地砖的面积，算出需要地砖的数量以及总价，形成设计方案。

在这样一个完整的项目学习过程中，学生的四个学习阶段目标非常明确，每一阶段该达成什么成果的要求也很具体，教师可以根据阶段化的目标来评价学生各个阶段的学习，这样的评价更加客观、更加有针对性。

2. 重视核心能力提升的多维目标设计

项目学习指向的目标是综合统整的，在探究问题、完成项目的过程中，学生调用所有的心理资源，提高运算求解、推理论证、空间想象、数学表达、数据处理、数学建模这些核心素养。项目学习增加了学生接触数学核心能力的机会，学生通过项目来学习重要的观念、概念、能力，而不是将项目作为传统课程结束后的展示、表演、附加实践或例证。

在“铺地砖中的数学问题”项目学习过程中，学生为了能够给新装修的图书馆铺上美观、经济的地砖，他们必须能够根据场地的具体情况选择合适的测量工具，量出并计算图书馆的面积。这就涉及了空间观念、几何直观、运算能力这些核心素养。此外，学生还要根据地砖和图书馆的面积，每块地砖的单价，地砖上的花纹等实际情况，选出合适的地砖。这些目标的达成，对学生数据分析观念、应用意识的培养也起到了很好的促进作用。还有重要的一点就是，每个小组要能够把自己的选择及理由，用合适的方式表达出来，说服总务处老师采纳自己的方案，这又对提升数学表达起到了很好的引领作用。

如此从多个维度出发，根据不同学生的发展程度和特点，设计具体而有针对性的目标，并在学习开展之初便让学生知晓各个阶段所要达成的目标，能满足不同发展程度学生的个性化需要，益于其动机的激发及能力素养的提升。

3. 驱动学生主动投入的目标设计

项目学习是通过问题引发学生对概念的思考和探索，设计能够驱动学生主动投入的现实问题，是影响项目学习有效开展的重要因素。现实问题情境来源于生活，真实问题情境的合理解决为认知发展的外化建构搭建了一个理想的平台。学生的学习兴趣得以充分激发，充分体现了教学中学生的主体地位，切实有效地转变了学生的学习方式。项目开展过程中，课堂不再是教师一个人的舞台，知识的学习不再是老师简单地“给予”，而是学生在探索中真实地体会“学以致用”。

教师在设计项目学习时，所涉及的数学本质问题有：“‘我们测量什么’是如何影响我们怎样测量的？”“好的问题解决者在遇到问题的时候通常是怎样做的？”“这个问题解决需要精确到什么程度？”而这些本质问题都比较抽象，怎样围绕这些本质问题设计出能够解决现实问题的大问题呢？首先我们结合学生的特点和经验进行转化，找到学生感兴趣的情境，同时对学生的挑战难度有所考虑。最终，设计的大问题是：“学校图书馆在暑假里要重新装修了，地面要重新铺设地砖。你能帮助总务处老师选择合适的地砖，并算出数量和总价吗？请你根据你的数据设计好一份自己的方案。思考怎样才能让自己的数据‘会说话’，用你的方案来打动总务处老师，让他们发自内心地认同你的方案吧。”

建立在真实情境中的大问题，让学生有了真实的代入感，有效激发了学生的学习兴趣，让真实问题情境和数学核心知识之间碰撞结合。

（二）设计“挑战＋合作”的项目任务

1. 重视具有挑战性的任务设计

小学生的学习兴趣很大程度上都是来源于学习任务富有的挑战性。富有挑战性的学习任务能够提供创造力强、探究度大、信息量足、应用味浓的知识资源，学生在一段时间内把问题加以解决，而问题又介于学生最近发展区之中，这样的学习任务是开放的。所以，在项目学习中我们要重视任务设计的挑战性。

例如，我校四年组老师在设计项目学习“水表中的秘密”时，设计的大问题是：“王叔叔要搬离出租屋了，但是七、八两个月的水费还没有结清。设想一下，你是自来水公司的工作人员，你将怎样帮王叔叔结算七、八两个月的水费？请你先拟定一个可行的实施方案，再根据方案进行操作和结算。”在这个问题中，学生已有的知识基础是掌握了“总价＝单价×数量”的计算方法，并会运用这个方法解决一些生活问题，挑战性任务源于“怎样才能知道自来水的数量？自来水的单价是多少”。这个过程中，学生需要学会看水表，了解水表中每一根指针代表的含义，能正确读出水表上显示的数，并探索出“本次用水量＝本次抄表数－上次抄表数”的方法。随着项目开展的深入，挑战性的问题还会随之而来：“为什么自来水的总价大于水的‘单价×数量’？多出来的那部分是什么费用，是如何结算的？阶梯水价又是什么意思，是怎样规定的？”学生逐步探索出“排污费＝征收标准×用水量×0.9”和“水费总价＝用水金额＋排污金额”等，并在这个项目学习的过程中了解了阶梯水价的意义和规则。这个项目学习的情境来自学生的生活领域，学生在这个情境中能感受到真实的身份代入，在挑战性任务中经历数学问题解决的过程和对数学概念的理解，最后产生了创造性的数学理解的成果。

2. 重视培养合作能力的任务设计

《义务教育数学课程标准(2011年版)》在前言中明确指出，“学生学习应当是一个生动活泼的、主动的和富有个性的过程。认真听讲、积极思考、动手实践、自主探索、合作交流等，都是学习数学的重要方式。”[①]建构主义理论提出同伴合作的必要性和重要性，而数学项目学习的内容丰富，往往通过做实验、小探究、小调查等多种实践活动形式进行，使得学生在任务进行过程中通常需要同伴间合作学习。在活动过程中，学生们通常被分为几个小组，小组成员朝着共同的目标而努力，相互启发、取长补短、协同发展。但是唯有有效的合作才能实现其丰富活动经验，认知策略由低阶向高阶发展的目的。

例如，五年级组老师在设计“购物的优惠问题”时就预先设想了需要学生分工合作的任务，并在实施过程中予以合理分组。在提出大问题“老师要在六一

---

① 中华人民共和国教育部. 义务教育数学课程标准(2011年版)[S]. 北京：北京师范大学出版社，2012：2.

节为同学们购买礼物，但是商店里有不同的优惠方式，怎样购买才是最合算的”后，由小组长带领组员模拟自己教师的身份进行充分讨论，拟定出解决问题的初步方案。之后，根据组员的特点与组员协商，进行任务分工，去不同的超市调查商品打折优惠的具体情况，再根据各超市的优惠情况商讨确定具体的购买策略。由于项目学习是开放式的学习，没有唯一的标准答案，学生们有自己的立场，可以开启多向互动，实现多个不同主体的启发交流，每个学生都有表达自己观点及了解他人想法的机会，并获得需要自己独立完成的小任务，从而在丰富了活动经验的同时促进共同发展。在互动过程中，学生的团队合作意识得到了培养，学生之间实现了优势互补，个人的交往能力、语言表达能力、问题解决能力都得到了不同程度的提升。

（三）实施“反思＋修正”的项目过程

数学学习中的主体反思，是学生适时回望学习的经历、及时修正学习策略的思维过程，其最终目的是促进学习目标的有效达成。反思有三个层次，分别是再现式反思、批判式反思和建构式反思。数学反思能力是培养学生核心素养中的一个重要内容，它的培养是一个长期、协同的过程，尤其是在活动课中，教师不但要注重学生数学反思能力的培养，还要注意对学生反思习惯的培养。尤其是小学生，他们的反思意识处于萌芽状态，他们的反思能力的培养更是离不开老师的耐心引导，如果教师能不断总结并付诸实践，一定能帮助学生养成良好的反思习惯，从而提高学生们的思维能力。下面以一年级“校园里的度量”这一数学项目第一阶段活动“走廊有多长”和第二阶段“弯弯曲曲的小路有多长”为例说明。

1. 项目活动实施过程中讨论交流环节的反思与修正

项目化实施过程中讨论交流是关键的环节，学生在讨论交流的过程中，发现问题自我修正，不断地构建新知。例如，在“弯弯曲曲的小路有多长”项目活动中，在探索“选用什么度量工具来度量弯曲的轨道模型”这一问题时，学生们以小组的方式展开了讨论，然后各抒己见。在汇报交流的过程中，组内和组间成员不断地提出质疑的问题，如：“直尺是直直的，不能转弯怎么量?”经过组内讨论后，提出修正方案：借助材料筐里的一根毛线，沿着轨道的形状摆好，在毛线上做好标记，再用直尺度量毛线的长度。解决问题的办法是孩子们在反思与修正中找到的，这样的活动实施对孩子数学素养的培育有重要作用。

2. 项目活动实施过程中实践操作环节的反思与修正

在“走廊有多长”这一数学项目活动课程中，学生们选择不同的测量工具(庹、拃、步、脚、米尺、皮卷尺)进行走廊长度的测量。学生的反思体现在他们对测量结果的差异性进行思考。学生们对测量出来的不同数据进行记录并思考，面对差异性最大的数据进行反思，自我提问“为什么选用这种测量工具会有这么大的误差”。如：学生选用身体尺“步”来测量走廊长度时，测量结果与用其他几种测量工具的结果对比，差异很大。学生经过反思提出问题并进行小组讨论后找到两种原因：首先是原来是他们组的“小尺子”在用“步”进行测量时步幅不统一，其次是测量员数错了步数。然后学生们针对问题进行修正：在进行测量时，让“小尺子”成员自己数，测量员默数记录。由于步幅大小很难固定，因此经过讨论，孩子们选择以刻度尺作为测量工具的测量数据为最终记录的数据。在此过程中，学生们处于一个良好的学习状态，活动也激发了他们不断寻求知识的兴趣和欲望。

又如在“弯弯曲曲的小路有多长”活动课中，教师放手以小组为单位让学生自主选择测量工具进行弯弯曲曲的小路的测量。面对不同的测量工具，首先学生们在头脑中进行了思考，产生了思维的火花，有的学生选择身体尺“拃”来测量弯弯曲曲的小路，但是发现测量过程非常不方便，甚至还要趴在地上，并且测量结果和用软的皮卷尺、“绳子＋米尺”的测量结果差异很大。学生们经过反思能找出原因并且马上修正测量方法和数据，这对于一年级的孩子来说是难能宝贵的。

像这样学生在解决实际问题的过程中，通过实践操作发现所选择的方法并不适用，马上能够开启脑中的“思维小雷达”，选择更适用于解决当前问题的方法，长此以往，学生的反思能力、解决问题的能力能得到很大的提升。

3. 项目活动实施过程中成果展示环节的反思与修正

学生个人和团队在项目学习中的进展情况是要作为同时被考查的对象。在项目学习的过程中，学生的学习成果展示着个人和团体的智慧，至少占学习质量一半的比重，体现出成员们在项目化学习过程中的深入理解与研究。

在对项目化成果进行评价时，并不只是教师才可以进行成果的评价，在教师进行最终评价前，引导学生对自己团队的成果和其他团队的成果进行评价，能增进学生的反思能力。例如：在“走廊有多长”这一数学项目活动课程中，最终的学习成果是通过制作一张走廊长度标志牌来展示的。学生看到别组的成果交流，有的小组标志牌数据记录比较精准、字迹工整，还进行了装饰，非常美观，反思自己组制作的标志牌，取长补短进行修正，最终展示了一份较完美的长度标志牌挂在走廊一边。

反思是一种习惯和意识，同时也是一种学习方式，只有不断地反思，才会不断地进步。培养反思习惯的措施是全方位、多角度、多层次的，在平时的课堂教学中，教师应把握时机诱导学生反思，授之以渔，落实措施让学生会反思，不断提高学生的反思能力，让反思成为习惯，从而促进学生数学素养的全面和谐发展。

三、关注核心素养的项目评价

培养学生的数学核心素养已经成为了小学数学课堂的关键。要想培养学生的数学核心素养，单纯地讲解数学知识是远远不够的，只有数学实践才能够让学生对自己所掌握的知识进行检验和反思。“校园中的度量”这一主题项目就是小学数学学科项目学习中，就如何借评价促进学生数学素养能力发展的一番探索，下面就以此为例进行阐述。

（一）评价目标确立

1. 目标确立的依据

（1）根据课程标准

《上海市中小学数学课程标准（试行稿）》从多个角度入手分析了数学课程的总体目标，每一个方面都涉及数学活动的内容，从本质上来说，数学学习是学生通过一系列的观察与猜想，逐渐推理出正确的结果，并且在此过程中能够表达自己的想法，通过已经形成的逻辑思维能力去解决现实生活中遇到的大多数问题。从情感的角度来说，那些积极参与数学活动的学生往往具有极强的好胜心和求知欲。

（2）依据低年级数学评价指南

以课程标准为基本依据，突出为了改进学习的评价，倡导评价的校本化实施，这是上海市教委对于评价做出的要求。笔者依据低年级数学评价指南的要求，认为要对学生进行评价，评价活动要收集学习兴趣、学习习惯和学业成果三个维度方面的信息，教师才能更好地改变仅从知识点、能力点的掌握情况来评价学生的情况。因此，笔者认为，运用通过学生完成实际任务来表现其学习成就的表现性评价才有可能实现评价的目标功能。

评价目标

学习兴趣

能积极主动地了解活动任务与要求，主动思考并尝试找到解决问题的办法。

学习习惯

(1) 能注意力集中，认真倾听同伴的回答，并能做出适当的补充。

(2) 能清晰、响亮、自信地表达自己的想法。

(3) 能积极参与小组合作，为小组成员提供帮助。

(4) 能主动地选择并运用提供的工具进行度量、认真记录，做到文明有序。

学业成果

(1) 会合理估测度量对象的长度，能快速做出判断。

(2) 会用刻度尺度量物体的长度，并能正确报出刻度。

(3) 能根据度量对象及工具的特征，灵活选择合适的度量工具，理由充分恰当。

（二）评价活动设计方案

1. 表现性评价活动方案设计的基本流程

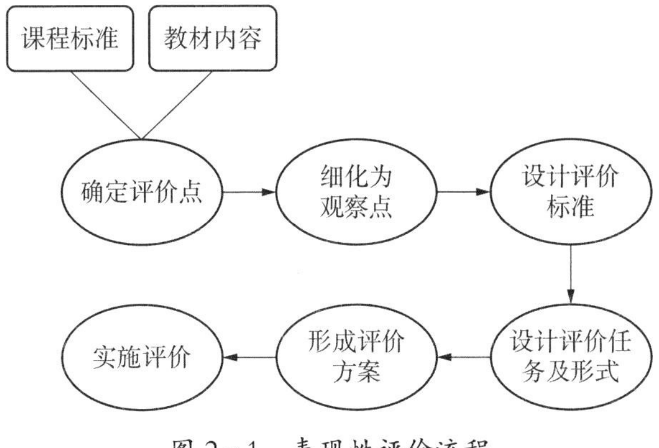

图 2-1　表现性评价流程

2. 表现性评价活动方案的基本组成

“校园里的度量”表现性评价活动方案有五个组成部分，分别是：活动情境、活动准备、任务指导语、表现性任务和评价标准。

（1）活动情境

“给校园中熟悉的景物标数据”。小朋友在美丽的校园中学习与成长，每天都会路过熟悉的走廊、小路、花坛、树木等，它们有的直直的，有的弯弯的，有的高高的，那它们究竟有多长或高呢？小朋友们大多数都不清楚。我们通过实施“校园里的度量”为主题的实践活动课，最终把校园里这些度量对象的数值呈现在标志牌和标志卡上，并悬挂或插在度量对象的上面。小朋友再路过的时候就一下子能知道它们到底有多长多高了。

（2）活动准备

① 课前完成“身体尺”实践活动单的填写。

表 2－1　“身体尺”实践活动单

（　　）号组员 身体小尺子是	一拃长（cm）	一庹长（cm）	一脚长（cm）	一步长（cm）

② 刻度尺（卷尺、米尺）、绳子、氢气球等工具及材料。活动记录单及评价单。分好活动组，明确自己在组内的职责。（5 人一组，组内分为：2 名度量员、1 名记录员、1 名汇报员、1 名评价员）

（3）任务指导语

① 根据度量对象的特点，小组讨论并选择合适的度量工具。

② 跟带队老师去校园中进行度量活动，明确自己的职责，文明有序地度量并记录，可以请带队老师来帮助计算。

③ 小组交流度量方法，并对任务单数据做出合理的分析或提出改进措施，同时进行组内、组间点评。

④ 每组将度量对象的数值写在标志牌或标志卡上，在下方写好小组成员姓名、班级、学校。

（4）表现性任务

本活动方案设置了三个表现性任务，分别是：以“走廊有多长”为主题，完成校园里部分直直的度量对象的度量；以“弯弯曲曲的小路有多长”为主题，完成校园里部分弯弯的度量对象的度量；以“哇，真高啊”为主题，完成校园里部分高高的度量对象的度量。

任务一：度量教室门口的走廊的长度。任务要求：用刻度尺及选择合适的“身体尺”度量教室门口走廊的长度，完成任务单及自评互评量表。

表 2-2 “走廊有多长”任务单

度量小组：第（ ）小组　　度量对象：教室门口的走廊

度量方法：刻度尺和“身体尺”

（1）我们用尺来度量，结果是________。

（2）我们用________号队员的“身体尺”：拃（ ）、庹（ ）、脚（ ）、步（ ）（选择身体尺，在（ ）里打“√”）来度量，结果是________________。

任务二：度量弯曲的小路。任务要求：选择合适的工具度量弯曲的小路的长度，完成任务单及自评互评量表。

表 2-3　“弯弯曲曲的小路有多长”任务单

<table>
<tr><td>测量小组：第(　　)小组　　测量对象：积健廊后面弯曲的小路

测量方法：
在你们选择的工具旁打“√”：刻度尺(　)绳子(　)“身体尺”(　)________。
测量结果：________________。</td></tr>
</table>

任务三：度量大树的高度。任务要求：运用合适的方法度量大树长度，完成任务单及自评互评量表；回到教室后交流分享自己的度量方法和过程。

表 2-4　“哇，真高啊”任务单

<table>
<tr><td>测量小组：第(　　)小组　　测量对象：校园内的大树

测量方法：在选择的工具旁打“√”：刻度尺(　)氢气球(　)“身体尺”(　)________。
测量结果：________________。
我们还有其他的办法：________________。(交流汇报)</td></tr>
</table>

（5）评价标准

根据课程标准和教材内容，结合一年级孩子的年龄特点，笔者把活动参与的积极性定为学习兴趣的观察点。对于学习习惯的观察，从听说习惯、合作习惯和操作习惯来计观察点，每一个习惯对应一个观察点，分别是：注意力集中，认真倾听；响亮、自信地表达；积极参与小组活动；选择工具进行度量操作。学业成果的评价观察主要体现在方法掌握上。笔者最终选取了三个维度，七个观察点。在每个任务开始之前，带队老师会将任务要求再次告诉组内学生；在学生实施任务的过程中，老师观察组内每个孩子的反应，也可以询问孩子们是怎么想的；在任务完成后，带队老师填写组内每个孩子的评价表，采用的是等第制和个性化评语相结合的方式进行评价。

表 2－5　“校园里的度量”学生活动评价表

<table>
<tr><td colspan="2">姓名：</td><td colspan="3">表现水平</td><td rowspan="3">学生表现（师评）</td></tr>
<tr><td colspan="2" rowspan="2">评价要求</td><td colspan="2">达到水平</td><td>低于水平</td></tr>
<tr><td>A</td><td>B</td><td>C</td></tr>
<tr><td colspan="2">学习兴趣</td><td>能积极主动地了解活动任务与要求，主动思考并尝试找到解决问题的办法</td><td>被动地接受活动任务，明确要求后，能主动思考并尝试找到解决问题的办法</td><td>不接受活动任务，不参与活动</td><td></td></tr>
<tr><td rowspan="3">学习习惯</td><td rowspan="2">听说习惯</td><td>能注意力集中，认真倾听同伴的回答，并能做出适当的补充</td><td>注意力较集中，对同伴的回答不能做出适当的补充，但能复述出来</td><td>注意力不集中，不能复述出同伴的回答</td><td></td></tr>
<tr><td>能清晰、响亮、自信地表达自己的想法</td><td>表达清晰，声音较响亮</td><td>无法表达自己的想法</td><td></td></tr>
<tr><td>合作习惯</td><td>能积极参与小组合作，为小组成员提供帮助</td><td>能较积极地参与小组合作</td><td>不参与小组合作</td><td></td></tr>
</table>

续　表

姓名：		表现水平			学生表现（师评）
评价要求		达到水平		低于水平	
		A	B	C	
	操作习惯	能主动地选择并运用提供的工具进行度量、认真记录，做到文明有序	被动地接受工具进行度量	不会长度比较，无法选择合适的工具	
学业成果		会用刻度尺度量物体的长度（0 刻度线对齐、尺放平），并能正确报出刻度	在适当提醒下才能完成任务（0 刻度线没对齐、报刻度出现误差等）	不能完成任务，错误较多	
		能熟练掌握度量方法，度量结果准确	掌握度量方法，度量结果较准确	不会度量	
教师点评：					

（三）基于教学实际情况，实施评价改进

评价等级标准是教师以教学要求和学生实际为依据来制定的，它是一种期待性的评价标准。本活动通过创设真实的情境，激发学生的兴趣，提高学生的参与度，丰富学生的情感，让学生把课堂中学到的数学知识在理解、内化的基础上，通过小组合作的形式解决问题。学生可以在这样的数学活动中展现自己的合作能力、沟通能力、分析问题的能力以及创新能力等高阶思维能力，教师也同样可以通过学生在活动中的表现反思自己的课堂教学效果，从而改进自己的课堂，这无疑对学生和教师都是有益的。但在实施的过程中笔者发现，一年级学生年龄小，各方面习惯的养成水平也是参差不齐的，这又是他们初次尝试开放

式实践活动，不同表现性任务对应的观察点不能笼统，一定要细化。

1. 深入细化观察点，不同任务侧重不同的评价量规

评价量规重点考查学生在活动中与同伴进行互动与沟通的成效，同伴基于量规来分析彼此的行为和成果的时候，是非常有意义的内省时机。每个活动任务侧重设置了不同维度的评价量规，并把这些量规做成表格提供给学生，指导学生进行同伴评价和自我评价，完成评价量表。在任务一中侧重“倾听、回应、操作技术”三个维度，在任务二中侧重“专注与坚持”两个维度，在任务三中侧重“口头交流”这个维度。

表 2-6　“倾听、回应、操作技术”维度评价量表

维度	A	B	C	自评	互评
倾听	能积极倾听，用点头、眼神接触等表明对倾听内容的理解，能耐心、鼓励地听别人全部讲完	在别人发表意见时能安静地倾听，耐心地听别人全部讲完	不愿倾听，表现出冷漠或心不在焉的样子，在别人没讲完的时候插嘴打断别人		
回应	仔细倾听别人的想法，并在认真思考后，给别人肯定或提出建议	对别人所说的内容予以动作或口头上的回应	在没有听清别人讲话内容的情况下就匆忙回答		
操作技术	能主动地选择并运用提供的工具进行度量、认真记录	被动地接受工具进行度量	不会选择工具进行度量		

表 2-7　“专注与坚持”维度评价量表

维度	A	B	C	自评	互评
专注	全程专注，面对任务跃跃欲试，热情投入并完成全部任务	大多数时候能保持专注的态度，即使受到一些干扰，只需稍加提醒能较快安静下来	总是东张西望、消极甚至抗拒等，只能按要求被动地做，依赖性强		

续　表

维度	A	B	C	自评	互评
坚持	遇到困难坚持尝试解决，努力战胜困难，一直到成功	遇到困难尝试解决，但努力时间短，在有其他干扰的情况下很快会放弃	坚持性差，遇到困难以“我不会”等理由放弃		

表 2-8　“口头交流”维度评价量表

维度	A	B	C	自评	互评
口头交流	观点组织得非常流畅，能清晰、响亮、自信地表达自己的想法	观点组织得较流畅，能完整表达自己的想法	没有组织自己的观点，不能口头交流		

2. 表现性评价的反馈

评价活动结束后，学生递交任务单，获得来自教师和同伴的评价反馈。例如，王同学获得的反馈如表 2-9 所示。

表 2-9　学生活动评价反馈表

<table>
<tr><td colspan="5">师评标准</td><td colspan="7">自评、互评量规</td></tr>
<tr><td rowspan="2">学习兴趣</td><td colspan="3">学习习惯</td><td rowspan="2">学业成果</td><td rowspan="2">倾听</td><td rowspan="2">回应</td><td rowspan="2">操作</td><td rowspan="2">专注</td><td rowspan="2">坚持</td><td rowspan="2">口头交流</td><td rowspan="2"></td></tr>
<tr></tr>
<tr><td rowspan="2">A</td><td>听说</td><td>合作</td><td>操作</td><td rowspan="2">A</td><td>A</td><td>B</td><td>B</td><td>A</td><td>A</td><td>B</td><td>自评</td></tr>
<tr><td>A</td><td>A</td><td>B</td><td>A</td><td>A</td><td>B</td><td>A</td><td>A</td><td>B</td><td>互评</td></tr>
<tr><td colspan="12">教师点评：
王同学，这次活动中你最大的进步就是你可以积极主动地参与小组活动，你从一个内向的小女生，变得积极地为小组动脑筋、出主意，专注地做好自己的小岗位工作，自信地说出自己的想法，老师看到了你的改变与进步，期待你在以后的学习中也能继续保持积极、自信的态度！</td></tr>
</table>

3. 关注问题解决的项目评价，提升学生数学能力

数学学习重在经历过程，将数学探究活动和学生小组合作结合起来，有助于提高探究活动的有效性，进一步加深学生对数学知识的理解。分小组合作的方式设计实践活动，取得一定合作成效的原因有以下三点：

（1）学生都能动手操作，把课堂上学习的书本中的知识放到生活中去实践，极大提高了学生的探究兴趣，学习积极性高。

（2）小岗位明确，学生参与度高。每个小队均设有小队长、评价员、观察员、测量员、记录员、汇报员等小岗位。每个学生负责一个岗位，各司其职、相互配合。每一个成员都得专心地参与，共同完成测量任务。

（3）必须合作才能完成。每个学生都是小队的一部分，无论是测量、观察、讨论还是汇报都不可以单独行动，在活动中总会出现各种各样的错误，小组成员集体利用身边资源对错误进行反思，分析错误原因，最终扫除或纠正思维中的盲点，在错误中明理。

项目实践活动中可以将更多的时间交给学生，让学生在小组内自主探究、彼此交流，甚至是辩论争论，这样的过程会使学生获取知识的速度受到一定影响，但是对学生思维能力的提升则大有利益。培养学生反思习惯的措施是全方位、多角度、多层次的，在平时的课堂教学中，教师应把握时机诱导学生反思，授之以渔，落实措施让学生会反思，不断提高学生的反思能力，让反思成为习惯，从而促进学生数学素养的全面和谐发展。

第三章

思维激活：英语课程的项目学习

当今英语课程标准中明确提出要在学科教学中培养学生的英语学科核心素养,要求学生具备一些关键能力和必备品格,前者如自律能力、换位思考能力等;后者如智慧与知识、胆识与勇气等。学生能否结合主题进行有逻辑、有意义的语用表达,我们通过学生的英语学科项目学习尝试对其进行思维的激活和技能的培养。

有国内学者认为，课程应强调智力因素（如观察、注意、记忆、思维、想象），非智力因素（如态度、动机、性格、自信心、兴趣、意志、毅力），以及终身学习的能力（如独立学习、自我要求、控制、监督等）。国外学者如克拉克（Clark）、威多森（Widdowson）以及坎德林（Candlin）等都认为，如果交流只是固定的对话模式，交流者就失去了自我；我们需要的不仅是交际的语言训练，还有思想性的内容。①

英语学科核心素养主要包括语言能力、学习能力、文化品格以及思维品质四个方面，其中，思维品质第一次被纳入了英语学习的课程目标。而早在2012年，上海市就提出了要在中小学英语教学中培养学生的核心素养，并且把它分成了三大块：理解与表达，语用与语感，文化与情感。其目的在于通过英语语言知识的教学、语言技能的操练，让学生进行学习，培养其语言学习思维，最终形成系统的学科素养。在这样的背景下，我校英语教学也尝试在基于课标的前提下，通过学生的项目学习，关注对学生语言学习、语用表达背后所隐藏的思维技能的培养。

一、英语核心素养与思维技能培养

传统的小学英语教学受应试教育的影响，更注重对语言知识的教授以及语言技能的训练，甚至只是碎片化的知识点的逐个教授。因此，学生们大多知其然不知其所以然，他们在语言学习过程中运用的更多的只是一些低阶思维，如理解、记忆等；他们更多在做的只是对所学的模板化或者程式化的语言及观点进行复述，是一些无意义的词句的排列组合。在过多关注语言知识和技能的教学模式下，学生对于他们所表达的语言背后所蕴藏的思维和情感并不特别关

① 龚亚夫. 英语教育新论：多元目标英语课程[M]. 北京：高等教育出版社，2015：10.

心，缺乏自己独特的观点，或者拥有自己的观点却无法使用恰当的语言进行表达。在这种情况下，在当今关注学生核心素养的教学背景下，我们有必要组织学生进行英语学科的项目化学习。

（一）项目设计的意义与特点

托里斯等人结合沟通语言教学（communicative language teaching）的理论基础，认为“项目学习能帮助学习者发展沟通能力，这一能力意味着课堂语言的学习者参与到有意义的协商建构中，需要拥有关于沟通的经历，而不仅仅是复述或进行语法测试的能力”。他还认为，“在这个过程中，学习者会自主运用大量的促进和补偿机制，选用更适合的词语来表达自己的观点，这种真正意义上的交流而非机械的操练对学生沟通能力的形成具有重要的作用”。[①] 托里斯强调了项目学习对于学生使用英语进行有意义表达的重要性。而思维正是使表达、沟通和交流变得有意义的不可或缺的重要因素。项目学习在提升英语口语表达的流畅性上，可以有比较好的作用，这正是我校英语学科组织学生进行项目学习的意义所在。

作为学科项目学习，又有哪些不同于传统教学中学科学习的特点呢？这些特点对于学生思维技能的培养又是否起到了重要作用呢？学科项目学习是基于学科的关键概念和能力进行项目式学习，将学科的低阶知识情境化、任务化处理，使之进入高阶知识层次，让学科知识得以活化。通过项目学习设计，学生的问题解决、元认知、批判性思维、沟通与合作等能力可以得到比较好的发展。由此可见，项目学习是实现对学生思维技能培养的一个极其有效的途径。作为小学英语学科项目学习，它和传统英语教学是截然不同的。

---

① 夏雪梅．项目化学习设计：学习素养视角下的国际与本土实践［M］．北京：教育科学出版社，2018：138．

传统英语教学是更关注语言知识与技能，偏向于语言知识本位的教学，它传递给学生的更多的是零散的知识，如词汇、语法等，缺少对语言背后的思维逻辑联系以及整个语言系统的语用体系的关注。因此，在传统英语教学思维下，教师习惯“单课落实”的教学方法，今天教词汇词法，明天教句型句法，后天是语篇阅读教学，最后一课时则进行写作教学。学生在这样的教学模式下，很难得到高阶思维的训练，更不可能在课堂中学会解决问题。

由传统英语教学的特点可知，它显然不能满足培养学生思维品质及技能的要求。反之，项目学习则要求学生能够“在新的情境中迁移、运用、转换，产生新知识”①。项目学习强调通过使用具备高阶思维特点的、有一定挑战性的且贯穿项目学习始终的驱动性问题来促使学生在解决问题的过程中，整合基础知识与技能。我校英语学科项目注重从问题的提出、方案的设计与实施、成果的呈现与评价等，对教材中一个或多个单元的内容进行合理规划与统整，保证学生经历一个较长的、持续的、周期的项目学习，并通过项目学习对目标语言知识与技能、文化与情感，以及我们所关注的思维技能进行系统的学习。

无论是从国内外专家学者对于学科项目化学习的概念理解还是从它有别于传统学科教学的特点来说，在英语学科中进行学生的项目化学习都是有助于学生在语言学习过程中进行思维技能的培养的。

（二）项目设计的学习与准备

其实在接触到学生项目化学习之前，2008 年上海市小学英语学科就已经在原市教研员朱浦老师的带领下开始进行了小学英语单元整体教学设计的研究和实践。单元整体设计要求教师把教材中的知识进行单元规划、内容整合，并

① 夏雪梅. 项目化学习设计：学习素养视角下的国际与本土实践[M]. 北京：教育科学出版社，2018：129.

创设接近学生真实生活的学习语境，在语境中进行语言教学，让学生进行语言知识的学习、语言技能的操练，并且从中感受西方文化、培养思维品质以及体验真实情感。单元整体教学设计和学生的项目化学习不尽相同，但是本质有相似之处，单元整体教学设计帮助教师更快地理解了项目化学习，在此基础上，教师在专家的引领下，通过教研组内的讨论、教师个体智慧的碰撞，我们对项目化学习有了更深刻的理解，决定尝试进行实践。我们收集了大量的相关资料，围绕对于学生的思维技能进行培养的项目化学习进行了相关的学习和准备。

1. 课程标准要求对学生的思维技能进行培养

《义务教育英语课程标准(2011 年版)》就明确提出了英语学科具有工具性和人文性。《普通高中英语课程标准(2017 年版)》(以下简称《课标(2017)》)也从英语学科的人文性特点出发，明确了英语学习对学生进行思维品质培养的重要性。

2. 英语语言结构体系要求对学生的思维技能进行培养

英语作为一门外语，不管是词法、句法以及表达方式，它的语言结构体系和中国的汉语是截然不同的。英语和汉语完全不同的语言结构体系会造成它们背后不同的思维方式。夏谷鸣进一步提出："在汉语背景下，我们更习惯于形象、直观思维，习惯于含蓄、间接表达，习惯于以人为中心思考事物，习惯于由表及里思考方式；在英语体系中，他们更习惯于逻辑思维，习惯于直接表达，习惯于以客观现象对人影响的角度考虑事物，习惯于先果后因的思考方式。"[①]因此，英语语言结构的体系也要求对学生的思维技能进行培养。

3. 我校英语教学现状要求对学生的思维技能进行培养

受多年应试教育影响，我校英语教学不可避免地还是偏重对学生进行语言知识的单一化教学，对学生的思维技能和思维品质的培养不够重视；而部分教师受能力限制，徒有培养学生思维技能和品质的意识，却缺乏足够的教学能力作为对学生思维技能培养的支撑，教学结果不够理想。

---

① 夏谷鸣. 作为英语学科核心素养的思维品质内涵分析[J]. 兴义民族师范学院学报，2018(03)：85.

基于以上三点，我校英语学科有必要开展培养学生思维技能的项目化学习。在此基础上，我们写了计划申请书、教案以及项目的方案等。

（三）项目方案的设计与撰写

如在进行五年级学生"关注身心健康　行动你我他"的项目方案设计时，我校教师结合课标和学情，从教材内容出发，开展了为期两周的项目活动。首先，引导学生对我们生活中常见的疾病如感冒、咳嗽、发烧以及牙疼等开始进行观察和思考。通过项目课程的学习，首先引导学生把具体病症和治病建议进行思维上的联系，即根据不同的病症给出不同的治病建议，学生能扮演医生和病人进行对话表演，在进行语言学习和语用表达的过程中，学生对于因果思维技能(Reasonable Thinking Skill)有了初步感知。接着，教师带领学生在进行《看牙医》的故事学习中，引导他们继原有的病症和建议两者之间的思维联系之后，加入致病原因，尝试理解病因、病症以及建议这三者之间互为影响的思维关系，并在理解的基础上以小组为单位扮演病人和牙医，进行课本剧的表演。在这之后，学生又在教师引导下开始思考：致病原因可以分类吗？那些持续时间较长的致病原因，如忽略刷牙的重要性因此常年晚上不刷牙、长期晚睡、睡前经常吃东西、喜欢躺在床上看书等，它们会导致人们牙疼、肥胖、近视等。这些致病原因其实就是人们生活中的不良习惯。日常生活中的不良习惯可能不会一下子导致人们生病，却会使他们形成一种不健康的身体状态。教学到了这个阶段，从病因、病症和建议之间的思维关系，过渡到基于人们生活习惯、健康状况以及健康建议三者之间思维联系的内容思考和语言表达。学生被要求搜集周围人，包括家人、朋友、老师、同学等的生活习惯，把最为常见的十大习惯筛选出来，再对其进行归类，根据筛选出的常见习惯使用目标语言对周围的人进行习惯调查，并基于调查结果给出具有针对性的健康建议。在充分认识到生活习惯对于人们身体健康的巨大影响后，教师又引导学生把目光投向心理健康，探讨生活中哪些行为是可以改善或者保持人们心理的健康的。学生要在项目学习结束之后，在对他人生活习惯进行调查的基础之上，呈现调查结果，并基于此结果做出一份调查报告，包括调查人的年龄、性别、职业等基本信息，对调查结果的分析以及给出的针对性的建议，最后通过小组合作完成一份健康倡议书。

在当前重视培养学生核心素养的大背景下，我们发现通过项目化学习，学生能够进行有意义、有思维的语言表达，用英语解决真实生活中的问题，同时，思维技能，包括一些高阶思维技能，也得到了有效的培养。

二、基于话题的思维与表达

通过了一系列的项目化学习，我校教师对于英语学科的项目化学习有了深入的思考，发现项目化学习的有效性必须依赖于基于课标的明确的项目目标的设定，基于教材的项目内容的设计，以及基于学情的项目成果展。

（一）基于课标　明确项目学习目标

通过项目化学习的一系列实践，我们发现，无论是何种形式的项目活动，又或者是针对哪个年段的学生开展的项目化学习，要想保证项目化学习的有效性，必须明确项目学习的目标。只有教师明确了项目化学习的目标，才能基于目标设计有针对性的项目内容、项目活动、能够反映目标的学生成果展以及基于目标的评价，等等。因此在项目化学习中，首先有明确的目标是很必要的。

项目目标的设计首先必须要基于课标。课标是一切学生学习、教师教学的最高纲领。而如前所说，《课标(2017)》已经明确提出要重视学生核心素养的培养，其中就有对学生思维技能的培养。因此，项目学习的目标除了要关注语言知识和技能外，还要明确通过项目化学习，培养学生何种思维技能，该种思维技能培养到何种程度，以及对于思维技能目标的表述是否便于学生理解、教师评价，等等。例如“关注身心健康　行动你我他”项目方案明确提出：学生能够在对他人进行健康习惯调查的基础上，准确描述他人的健康习惯，对他人提出 4—5 条具有针对性的健康建议，包括身体健康和心理健康；并通过小组合作，完成一份健康倡议书，要求表达准确流畅、书写基本准确。这个目标的设定就是很明确的，语言和思维的目标都包含其中，学生知道项目学习中要完成哪些任务，包括最后的项目成果展。

（二）基于教材　设计项目学习内容

在明确了项目化学习的目标之后，教师要基于教材内容进行项目化学习内容的设计。学科项目化学习注重整合原有教材内容，不增加课时量以及学生的课业负担。因此，在进行项目化学习内容设计之前，教师需要研读教材，对零散的教材内容以及知识点加以整合，放在“项目化学习”这个容器里。就如笔者之前所举例的“关注身心健康　行动你我他”，该项目的学习内容基本就是从教材内容中整合并且优化而来。

以第二课时为例，该课时项目学习目标为：通过对故事《看牙医》的学习，基于对牙疼的病症、病因以及治牙建议三者间思维联系的理解，尝试以小组为单位，使用目标语言扮演病人和牙医，进行课本剧的表演。在此目标设定下，该课时项目学习内容为：

语段 1：

Mum：Peter，come and have lunch!

Peter：I can't eat，Mum.

Mum：What's wrong with you?

Peter：I have a toothache.

Mum：Oh dear! Let's go to see the dentist.

Peter and his mum are at the dentist's.

Peter：I have a toothache.

Dentist：Let me look at your teeth. Do you often eat sweets?

Peter：Yes.

Dentist：They're bad for your teeth.

Peter：What should I do now?

Dentist：You should take some medicine.

Peter：OK. Thank you.

语段 2：

Mum：You should brush your teeth twice a day.

Jimmy：No，no. I don't like brushing my teeth. I like eating sweets and crisps. I always eat before bed. Ouch! Ouch! What's wrong with me?

Dentist：You have a toothache. Don't eat before bed. You should brush your teeth twice a day. And you should have a good rest.

语段 3：

Anna：Hi，children. I'm Anna. I like soft drinks very much. In my room，you can see soft drinks everywhere. Ouch! Ouch! My tooth hurts. I have a toothache.

Dentist：Do you often eat sweets?

Anna：No. I don't like sweets.

Dentist：Do you often drink soft drinks?

Anna：Yes.

Dentist：OK. I want to give you some advice.

这三段文本内容就是基于项目目标和教材内容解读而设计的学习内容。它较原教材语言更为丰富、内容更为多样，而且从文本上可以看出，设计后的文本把病症(牙疼)、病因和建议建立了思维联系，如表3－1所示。

表3－1 《看牙医》思维梳理

人物	病症	病因	建议(You should/shouldn't ...)
Peter	toothache	eats too many sweets	(not) eat too many sweets take some medicine
Jimmy		doesn't like brushing teeth always eats before bed	(not)brush teeth only once a day brush teeth twice a day (not) eat before bed have a good rest
Anna		drinks too many soft drinks	…

教师通过对项目学习内容的设计赋予了学生更多的思维拓展方向，对学生的比较、分析、判断等思维技能进行了训练，也有利于该课时项目目标的达成。

(三) 基于学情 关注项目展示成果

学科项目学习不同于传统教学的一个显著特点，除了思维的高阶性、学习的持续性，就是它是和学生的真实生活紧密联系的，它要求学生通过项目化学习能够以小组合作的方式解决真实问题，而不仅仅是写一篇习作，或进行一段简单的语用表达。因此，项目化学习对于其最后的成果要求是比较高的。以三年级英语学科项目“我爱我的学校”为例，这个内容在《英语（牛津上海版）》中的三年级和四年级都有相应的教学内容，但是对应学生的年级不同，教材内容和学习要求也不相同。我们在设计三、四年级学生的项目成果展的时候，成果展的内容和要求也是分别具有延续性和递增性的。

三年级“我爱我的学校”项目化学习成果展要求学生能画出学校中自己最喜爱的某一场所，并围绕该场所的名称、特点以及功能等方面进行介绍。语言方面的要求不高，4—5 句话就可以，思维方面则侧重学生能够感知和理解“喜爱这一场所及其原因之间的因果思维联系”。然而对于四年级的学生，成果展的表现形式变化为拍摄自己学校两到三处的照片并进行介绍，照片能够突出场所设施以及学生的活动等；能使用目标语言对每个场所形成一个简短的语段进行介绍，介绍中能理解并尝试使用“喜欢自己的学校及其原因”这一因果思维技能；最后能通过小组合作形式制作一个优美的数字故事。无论在语言要求还是思维技能方面，对于四年级的学生要求都明显高于三年级学生；在跨学科方面，三年级仅对美术技能有一定要求，四年级则涉及摄影、信息技术以及美术（数字故事有美化要求）；小组合作方面，三年级没有硬性规定，四年级则对其有明确要求。具体如表 3－2 所示。

表 3－2　“我爱我的学校”项目化学习成果展三、四年级对比

	三年级学生	四年级学生
语言	介绍学校中喜爱的某一场所 内容：场所名称、特点及功能 语量：4—5 句	介绍学校中喜爱的 2—3 个场所 内容：场所名称、特点、设施及学生活动 语量：2—3 个语段
思维	感知、理解因果思维	理解、尝试使用因果思维
跨学科	美术	美术、摄影及信息技术
小组合作	无硬性规定	有硬性规定

从表格中明显可以看出，即便是同样的项目化学习，因为学情的不同，教师在进行项目目标的设定、项目内容的设计，以及最终的项目成果展的表现形式、难度等方面的要求都各有不同，这其中除了教材内容的因素，更多的是教师对学情的考量。成果展如果不能够基于学情，目标要求设定过高或过低，展现形式不符合学生年龄及心理特点，则无法触及学生的最近发展区域，导致学生因为难度的不合理而对项目化学习缺乏兴趣，无法形成内在促进机制，从而最终导致项目化学习的低效甚至是无效。由此可见。教师在进行项目化学习的成果展设计时，一定要关注具体的学情。

三、提高思维技能的项目评价

项目化学习应做到“目标—实践—成果—评价”的一致性。项目化学习的评价主要分成两部分：一方面对项目化学习最后形成的成果进行评价，另一方面是对项目化学习过程中的学习实践进行评价。这两者缺一不可。同时，评价也是对项目化学习的一种检验和反思，甚至可以说是检验出“非”项目化学习或“浅”项目化学习的重要手段。

（一）学习成果的评价

在评价学习成果时我们可以从以下几个维度思考：①项目化学习成果是否指向驱动性问题，并具有思维的真实性？②项目化学习成果的呈现可以是个人，也可以是团队的，但成果是否体现个体个性？③项目化学习成果是否指向核心知识的深度理解？④项目化学习成果最后做出了什么，并且是否附有怎么做出来的必要说明？

那么，在具体操作中我们是如何围绕学生思维技能培养展开项目评价的呢？以三年级英语学科项目“我爱我的学校”为例，三年级“我爱我的学校”项目化学习成果展要求学生能画出学校中自己最喜爱的某一场所，并围绕该场所的名称、特点以及功能等方面进行介绍。语言方面的要求不高，4—5句话就可以，思维方面则侧重学生能够感知和理解“喜爱这一场所及其原因之间的因果思维联系”。我们可以一一对照以上几个思考维度来评价学生的学习成果以及完成度。首先，本案例中的驱动性问题是：“你爱你的学校吗？为什么？”这是一个真实的问题，能够引发学生的思考。通过老师的引导和几个课时的学习，学生进行持续的探究，了解学校各个场所的名称、环境、特征、功能及学生在其中的活动等。老师不会面面俱到地对每一个场所进行教授，而是遵从从“扶”到“放”的教学规律，因此，学生对学校场所的探究，需要知识的再构建，需要举一反三，在新情境中发生知识的迁移、运用、转换，从而产生新知识、解决实际问题。其次，学生在描述其所喜爱的学校场所时是有充分的选择权，表现在学生可以选择不同的学校场所进行阐述，学生选择同样的场所时也可以阐述不同的理由，体现了思维的真实性和学生个体的个性化。最后，也是最重要的一点，从语言学科的角度来说，三年级孩子对学校某一场所的阐述虽然要求只有4—5句话，但我们应关注到这简短的几句话是否具有思维性和连贯性，这篇短文是否指向驱动性问题，而不仅仅是句型的机械替换或几句毫无逻辑顺序的句子的简单堆砌。可见，项目化学习的核心理念引领着教师在进行设计时和学生在学习过程中，必然发展学生的学习素养，其中包括了学生思维技能的培养，使学生达到心智自由。

（二）学习实践的评价

学习实践的评价，其实就是学生项目化学习的过程性评价，是学生知识学习、能力提升、问题解决、成果形成等整合在一起的过程性的评价。在这整个过程中，对于英语学科来说，提问是教师了解学生对所学内容理解程度的有效途径之一，也是促进学生学习的方式之一。问题的设计是培养学生思维技能非常重要且关键的一点。因此，我们将关注过程性评价视角下的项目化学习中的问题设计，探索有助于学生思维培养的有效问题设计。

本案例选自《牛津》英语教材5AM2U1“My grandparents”单元中的“Little Red Riding Hood”（简写LRRH）故事教学。故事一开始，出现旁白：“Little Red Riding Hood is on her way to Grandma's house. A wolf sees her. He runs to Grandma's house first and knocks at the door — rat-tat.”老师抓住“Little Red Riding Hood is on her way to Grandma's house.”这句话，展开大胆的想象，以教学目标、学生为基本依据，在此处设计了以过程性评价视角下的项目化学习问题：“What does LRRH want to do? Why does LRRH want to visit her grandma?”

1. 评价目标

① 学生能借助设备自主听录音，尝试理解录音内容并勾选出LRRH去看望外婆的原因，完成听力练习。要求认真倾听，勾选内容基本正确。

② 学生能在“Why does LRRH want to visit her grandma?”的问题语境中，灵活运用单元核心语句“Do you live with your grandparents? How often do you visit them? What do you do with them?”进行询问和应答。要求语音、语调正确，内容达意，句法运用基本正确。

③ 学生能在“Why does LRRH want to visit her grandma?”的问题语境中，扮演LRRH，说说去看望外婆的原因。要求语音、语调正确，内容达意，句法运用基本正确。

2. 评价内容

Task 1：听录音，理解语篇内容，对 LRRH 去看望外婆的原因进行选择，完成练习。

Task 2：师生问答，说出 LRRH 去看望外婆的一个原因。

Task 3：扮演 LRRH，说一说 LRRH 去看望外婆的原因。

LRRH：I don't live with my grandma. Her house is far away from my home. I visit my grandma every Sunday. We make phone calls to each other every day. And sometimes we talk on the Internet. Today is not Sunday. But my grandma has a cold. I worry about her. And I miss her，too. So I go to see my grandma now.

3. 评价方式

(1) 师生问答

(2) 课堂小练习

4. 评价示例

5A Module2 Unit1 (P3) Little Red Riding Hood

Class ________ Name ________ No. ________

Task 1：Listen and tick. 

Why does LRRH want to visit her grandma?

Today is Sunday. LRRH usually visits her grandma on Sundays.
Grandma has a cold.
LRRH worries about（担心）Grandma.
Grandma misses（想念）LRRH.
LRRH misses Grandma.

通过项目化学习的开展和实践，对于如何设计有助于学生思维培养的项目化学习的问题，总结出以下几点思路：

第一，有助于学生思维培养的项目化学习的问题设计，应以教学目标、学生为基本依据。评价要服务教学、反馈教学、促进教学。要设计出有助于学生思维培养的项目化学习的问题，教师应根据实际的教学目标和学生实际情况，采取有效的评价方式，及时观察和了解学生的学习进度和学习困难。只有评价目标与教学目标高度一致，教师才能将适切的评价标准融于教学过程中，教师才能通过评价把握课堂教学目标的落实，及时调整下一教学目标、改进教学方法、提高教学效率。本案例中，教师所设计的问题“Why does LRRH want to visit her grandma?”并不是为了丰富故事内容的随意一问，这一问题的设计完全是从教学目标出发，将单元核心语言复现在新的语境中，通过提问式的评价，最后回归教学目标的落实。正是评价意识的树立，帮助教师在处理“Say and act”等非核心板块的时候，不再是独立地教学看似与单元核心内容无关的一个故事或语篇，而是将故事或语篇作为单元核心内容的一个新的载体，单元核心内容在新的语境中，通过教师设计的一系列问题引导加以运用，最终落实单元目标。

第二，有助于学生思维培养的项目化学习的问题设计，应预留给学生必要的思考时间。笔者之前进入这样一种误区：学生的同伴任务或小组任务才刚开始，就迫不及待喊“停下(Stop)”，接着，学生纷纷举手，我随机地请 3—4 组学生演练，学生表达不错，我便快速地组织下一个活动，课堂看似快节奏、高效率，但当我在教学中树立了评价意识，尝试将评价标准融入教学过程中时，我才反思到自己的问题。这种做法如同让学生考一张应该 1 小时完成的试卷，却只给他考了 30 分钟，无论对老师还是对学生来说，评价失去了意义。本案例中，在进行听力活动时，教师预设到对大多数学生来说只听一遍录音是很难完全理解语篇，完成练习的，因此，教师让每个学生自主听录音，并给学生预留了充分的时间。学生能根据自己的需求，反复多次地听语篇，大部分学生能完成练习，并基本正确。多次地听音输入，为之后的输出表达做好了铺垫。这样的评价，才能真正地服务教学、反馈教学、促进教学。

第三，有助于学生思维培养的项目化学习的问题设计，应具有一定的开放性。教师应采用开放式教学方法，尽可能多留一些时间、空间给学生，开放学生的思维空间，以任务驱动，让学生在语境中产生各种疑问和猜想，积极主动展开思维，让他们在教师示范性语境的基础上自己创设语言的各种适用性情境，在问题语境中进行思想感情和信息的交流，从而发展思维技能。案例中有“Does the wolf want to eat LRRH? Does the wolf eat LRRH now? Why not? Does the wolf eat Grandma? Maybe yes. Maybe not. If you're LRRH, what can you do now? Which ending do you like? Why? What's your ending?”等一系列的问题，可供学生小组合作，共同探讨，发表各自的观点、想法、猜测。在这样的过程中，学生的思维必然得以发展。

综上所述，学生思维技能的培养和发展，应从项目化学习的过程到项目化学习的成果，从项目化学习目标到项目化学习评价，贯穿于始终。

第四章

阶梯强化：音乐课程的项目学习

为了让孩子能更快更好地掌握一项音乐技能，音乐组基于课程标准、学生核心素养方面的要求，设计出了一套符合学生年龄特点、符合学生认知规律的项目学习模式——分年级技能强化，旨在学生五年级毕业时，都能掌握一种演唱技能、精通一项乐器演奏、自信从容地走向舞台，大胆地开展音乐表现。

一、关注音乐素养培育的项目设计

（一）项目设计思路

基于学生认知规律，即低年级音乐学习活动主要以体验性活动为主，中高年级音乐学习活动主要以表现性、创造性活动为主；基于学生年龄特点，即低年级学生在学习过程中主要是模仿学习，中高年级学生逐渐愿意尝试探索、创新学习的特点，安亭小学音乐组制定了“分散学习＋集中强化学习”的学习策略。分散式学习的推进模式为：学年初制定一个主题，在整个学年中围绕这个主题，将知识分散在每周2节的音乐课中进行着重学习。集中强化学习的推进模式为：根据学校的安排，每个班每学期固定的一周内四天下午围绕一个主题，连续学习8课时，以达到强化学习的目的。

1. 低中年段分散学习打基础

对于一年级学生来说，刚进入校园，其音乐基础知识与技能掌握尚浅，仍停留在幼儿园学习中的模仿阶段，更多的是建立在听觉基础上的情感、思维、动作等联觉反应。而《上海市小学音乐学科教学基本要求（试验本）》（以下简称《教学基本要求》）中指出：1—2年级学生要能运用肢体律动、舞蹈动作和打击乐演奏，开展即兴音乐表演。故而，我校一年级分散式音乐学习的项目制定为“舞蹈与律动”。

对于二年级学生来说，通过一年的音乐学习，已经接触了各类音乐学习活动，也初步掌握了音的高低、音的长短等音乐要素，而课堂上逐渐加入的打击乐器成了孩子们的最爱。二年级老师则结合书本，引导学生掌握课堂打击乐器的正确演奏方式和相关音乐知识，使学生形成了良好的乐器演奏与合作的基本意识和规范，提升了学生听奏结合的表现能力，积累了学生演奏体验的经历。故而，我校二年级分散式音乐学习的项目制定为“打击乐体验”。

对于三年级学生来说，通过两年的学习，大多数学生已经能在聆听的前提下，模唱唱名组合与简单旋律；能速度统一地开展音乐表现活动，体现音乐的节拍韵律；能用自然的嗓音有感情地齐唱。但简单的齐唱学习已经无法满足学生的认知需求，他们向往更高难度的演唱体验。同时，三年级老师在歌唱教学中，发现有的小朋友学习音乐的热情非常高，也很喜欢唱歌，但是很少发现有孩子能够用准确的音高音准进行歌曲演唱，只能模仿歌曲旋律的大致走向进行演唱。故而，结合音乐课本上逐步接触学习的轮唱、合唱等演唱要领，我校三年级分散式音乐学习的项目制定为“歌唱体验”。

2. 高年段集中强化现成效

基于我校学生在低中年段音乐分散学习中听觉与联觉反应、音乐要素、基础知识等方面的积累，依据《教学基本要求》中的3.3.2要求：学生要学会一样课堂常用固定音高乐器，认识乐器构造、学会正确的演奏方式、准确视谱演奏，以培养良好的节奏韵律感和音准概念。结合四年级书本上对于乐器学习的建议，我校四年级集中强化学习的项目制定为“口风琴”，分两个学期完成，第一学期完成简单乐曲吹奏练习，第二学期完成和弦及在小组合作方式下的即兴编创与创作能力的培养。

五年级的“戏剧表演”课程，旨在学生通过戏剧的知识学习与表演，能投入到声、台、形、表中形象表演；说话大声洪亮、动作协调、表情丰富；在游戏中能激起兴趣，体会学习表演的乐趣。戏剧课程中不断完善的表现性评价，让更多学生都能参与到音乐表现中，将这些学习成果融入到最终音乐会的节目编排中，这也是对学生在一至四年级音乐学习中舞蹈、打击乐、歌唱、器乐的学习成果的一次综合检验。

（二）项目推进路径

1. 教研活动促落实

在开学前的教研活动中明确本学年每位教师分年级项目实施的研究主题，每位老师将自己上一年度、上一学期实施过程中的相关积累资料进行共享，教研组长希望每位组员根据所拿到的资料，结合自己的认知、理解进行有针对性的修改，同时确定好自己将要实施的项目计划、方案、评价方式。在第一次教研活动中，每位老师将准备好的将要实施的资料进行了集体研讨，对相关疑问集思广益进行解决。

在项目实施中期，教研组再次组织大家对项目实施进行反思、总结。如，黄老师反映在舞蹈律动教学中感觉学生能跟随音乐进行舞蹈律动，但对于即兴创编、即兴组合的能力较弱。曹老师建议黄老师可以深入浅出地进行小组排练，根据音乐的基本特点与风格进行引导，以培养学生创编能力和探索精神。杨老师表示高级口风琴教学中学生能完成和弦的吹奏，但对于和弦之间的快速切换做得不是很好，曹老师建议杨老师根据每个孩子的能力特点，适当去掉几个音，合作完成整个吹奏任务。通过不断头脑风暴式的教研活动，老师们在项目实施过程中的困难逐渐得到了解惑，对于接下去的教学工作有了更大的信心。

2. 深挖课堂促实效

（1）舞蹈与律动

一年级老师根据一年级学生的年龄特点，设计易学易表现的舞蹈律动，表现学生生活中的一花一草和学生熟悉的小动物造型，让学生跟随音乐韵律进行舞动，为培养学生良好的艺术素养打下基础。

学生随音乐用舞蹈律动教学法的目的是引导学生感知音乐、领悟音乐。在教学活动中，让孩子们通过身体律动亲身体验获得的音乐感知是强烈的，能帮助学生更好地理解音乐，掌握音乐的各种基本要素。例如，利用画三角形的轮廓感受三拍子的节奏，利用击掌拍肩的力度来感知音的强弱，利用踏步快慢去感知音乐的速度，用手臂的律动感知旋律线的起伏。在“学小鸟飞”一课教学中，请学生做小鸟飞翔的动作，感受小鸟学飞的音乐形象，同时加入先提腕后压腕的舞蹈律动让学生更好地感受四二拍的强弱力度。通过舞蹈律动教学，学生不但很快掌握了歌曲的节奏速度，而且很好地感受了小鸟学飞的可爱形象，增强了学习音乐的感知力。

(2) 打击乐体验

二年级老师主要引导学生掌握课堂打击乐器的正确演奏方式和相关音乐知识，使学生形成了良好的乐器演奏与合作的基本意识和规范，提升了学生听奏结合的表现能力，积累了学生演奏体验的经历。

首先，教师利用网络资源找来许多小乐器的图片以及小乐器演奏的录像让学生看，使学生先从外型上了解小乐器，让他们知道其形状特点，对小乐器产生兴趣；其次，找来实物让他们亲眼看看、敲敲，更直观地感受小乐器的形状和音色；再次，利用他们好奇的心理，慢慢地教授演奏小乐器的方法，并鼓励他们不单单要学会几种常见打击乐器，还要学会使用更多的小乐器，这样才能运用多种小乐器为好听的歌曲伴奏。教师通过愉快的教学手段培养孩子的音乐素养，根据他们活泼好动的天性，在学唱的同时，配以各种打击乐器的教学，让学生在愉悦、轻松的氛围中掌握一些初步的乐理知识，学会使用各种打击乐器的演奏技巧。

(3) 歌唱体验

三年级老师在歌唱教学中，发现有的小朋友学习音乐的热情非常高，也很喜欢唱歌，但是很少发现有孩子能够用准确的音高音准进行歌曲演唱，只能模仿歌曲旋律的大致走向进行演唱。通过分析，发现许多学生音高音准不到位最关键的原因在于咬字吐字时口腔打开的位置不正确、没有聆听伴奏音乐的习惯。有的学生唱歌处于哼唱状态，口腔位置没打开，所以咬字吐字成问题，有时就影响到了音准。另外，学生在演唱歌曲时，没有聆听伴奏音乐的习惯。因此，在日常学习中，在歌唱教学中，关注孩子们歌唱时的口腔位置，让他们在学习新歌的歌词这一步时，跟着教师咬文嚼字地念准歌词的每一个字，包括前后鼻音的控制等，教师经常注重这方面的训练，学生也得到了能力的培养，久而久之，他们养成了“用嘴巴唱歌，不是用鼻子哼歌”的习惯。在聆听音乐这方面，告诉学生要听伴奏音乐的音高、速度，要听同伴的声音，要听自己的声音，告诉他们要是没了以上聆听的习惯，唱歌很容易产生跑调、跟不上音乐的速度等情况，提醒学生经常注意自己的聆听习惯。

通过一段时间的学习，三年级 7 个班级的学生在歌唱课上基本掌握了有效的演唱技巧，能按照老师的要求进行演唱。

（4）口风琴

四年级老师在口风琴课堂上，为了让学生能自如地演奏，尝试把知识点、演奏技巧渗透在学生感兴趣的游戏比赛活动中，如组织学生进行“吹纸、吹气球”比赛以训练气息。在指法训练中，采用形象、生动的语言展开教学，把五个手指头比喻成士兵，问学生们希望自己的士兵站着走还是爬着走，此时，学生们会自觉地把手指稳稳地立在键盘上进行弹奏练习，这比反复枯燥的说教有效得多。口风琴既可以让学生直观、准确地掌握乐理知识，也可以有效地提高学生节奏感、音高感，培养了学生视奏能力。在教学中，教师让学生通过视谱、认唱、弹奏、听辨等环节进行自主地学唱歌曲。此外，把口风琴演奏运用到欣赏教学中，在原来听、看教学模式的基础上，让学生弹一弹、听一听，使学生在愉悦的欣赏活动中，全身心地体验、感受和理解音乐，这不仅培养了学生的音乐兴趣，扩大了音乐视野，提高了音乐感受、理解、鉴赏能力，而且发展了想象力，丰富了感情，陶冶了情操。

口风琴教学，培养了学生动手和创作能力。课堂提倡让学生有“动”的机会，如：动口、动手、动脑。其中口风琴教学让学生的动手能力得到充分的发展。在课堂上，通过演奏，学生的眼、耳、手等器官得到协调发展，且激发了思维的多向性，这是其他学科和其他学具所无法取代的。同时，通过口风琴教学还可激发学生的创作动机，培养学生的创新精神。在课堂上，我们重视满足学生的表演欲望，把主动权交还给学生，鼓励学生尝试，让学生有创作的余地，如从模仿生活节奏——马蹄声、汽笛声、警车声等——开始，创作旋律，学生兴趣很高，教师抓住有利因素，进行启发、引导，学生乐此不疲，渐渐地学生便可以用口风琴演奏自己的“歌”了。

(5) 戏剧表演

五年级老师在戏剧表演课上，设计的戏剧活动并不只是戏剧艺术的展现，而是在某些戏剧形式的活动过程中，让孩子透过语言、声音、动作，增加学习的趣味及对内容拥有深刻的印象。同时，戏剧表演也是学生从一年级到四年级所学知识的一次整合。以“用整个身体来发声”的教学理念，在戏剧课调动学生的积极性，从而让每个学生能在戏剧中发挥想象力、创新思维，增强学生之间的合作，让学生释放自己，体验快乐，从容、积极、乐观地面对学习和生活。

基于五年级戏剧课程的整体设计，教师把戏剧元素和音乐课程中的一章做了有机融合和创新表达，让孩子在浅尝戏剧时就能借助熟悉的音乐歌曲尝试去表达和展示自我。在四次课程中以“戏剧元素练习”和大纲音乐歌曲创排活动为依托。通过戏剧之中的“真听、真看、真感受”和“干什么、为什么、怎么干”的戏剧元素，融入游戏与练习，达到提升信念感、启发想象力的基本普及要求。

二、 体现音乐表现力的项目实施路径

(一) 项目概念界定

“音乐表现”是形成音乐乐感和美感的实践方式，由演唱、演奏和综合表演组成，其重点是学习歌(乐)曲唱、奏和表演的基本方法与技能；“音乐表现”的实践重点，是在体验音乐情绪、感受音乐要素、理解音乐形象的基础上，运用模仿

表现、集体表演、互动评价等方法，学习音乐表现的基本技能，表达音乐情感。同时，通过学习，形成乐观、积极、自信的态度，愿意参加集体性音乐活动，培养和他人合作、与集体协同的意识。音乐表现力的培养，侧重舞蹈与律动（一年级）、演奏（二、四年级）、演唱（三年级）。

音乐表现力的培养，不仅仅只是通过培养单一演唱或演奏能力，更重要的是"音乐表演的综合技能"的培养。而音乐表演的综合技能是指在音乐表演的过程中，合理、有效运用各种单项技能，通过合作，表达对音乐情感内涵的理解。五年级的戏剧表演（毕业季）课程便是如此。本主题的学习，旨在让学生在初步欣赏音乐作品或学会演唱之后，根据音乐形象、情感或主题，选择并组合运用演唱、演奏、舞蹈、律动、造型、朗诵和情景表演等方式，通过师生合作与生生合作开展综合性音乐表演。本主题的学习有助于培养学生综合运用各种音乐技能进行表演的能力，并逐步形成团队合作意识。

（二）项目实施路径

1. 低年段音乐基础形成

瑞士著名音乐教育家达尔克洛兹认为：人对音乐的情绪体验及人对自身情绪体验的认识、反应都是通过自己的身体和动作来进行的，在音乐训练中，只训练耳朵和嗓子是不够的，人的整个身体都必须受到训练。音乐教学要充分发挥音乐艺术的魅力，让学生在学习过程中产生美感，感觉美，欣赏美。对于小学低年段儿童而言，关键是利用律动来接受音乐教育，接受音乐美的熏陶。

同时，低年段学生有着比较强烈的活泼、好动的天性，加之他们极强的模仿能力，在低年段中开展有效的舞蹈律动课，既能满足孩子愿意动的特性，也很符合低年段学生的年龄特点。更重要的是，通过舞蹈律动的学习，学生能提高对音乐欣赏的兴趣，更有效地培养自身的节奏感、韵律感，更好地理解音乐所表达的内容、音乐形象，为中高年段的学习打下良好的基础。

在音乐课程标准与《教学基本要求》的指导下，结合国家课程，教师设计了以下低年段“舞蹈与律动”课程的实施方案。

课程目标

1. 在律动、游戏中体验音乐的美感。
2. 学会与他人合作，并一起分享快乐，培养同学之间的友谊。

课程内容

1. 通过体态律动进行师生问好、听音乐进教室。
2. 用简单的肢体律动表现音的长短、强弱、高低。
3. 根据歌词内容创编动作进行歌曲表演，如《上学》《我们爱国旗》《小雨沙沙》等。
4. 用民族舞的基本动作表现歌曲，如藏族《我的家在日喀则》、汉族《采茶灯》等。
5. 通过小组合作形式进行集体歌曲表演创编，如《大鹿》《玩具兵进行曲》等。

课程实施

1. 适合一年级学生在“唱游”课堂教学中参加。
2. 通过每周两节“唱游”课，根据不同的板块内容，设计符合学生年龄特点的体态律动。
3. 通过各级各类艺术比赛、演出，展示学生的艺术表现力。

课程评价

一星级小童星：能够认真参与课堂活动。

二星级小童星：能够跟着音乐用律动表演的方式完整演绎歌曲。

三星级小童星：能自主创编动作进行表演。

四星级小童星：积极参加各级各类比赛或演出，并取得较好的成绩。

2. 中年段技能集中强化

通过低年段扎实认真的音乐学习活动，学生已经初步掌握了基本音乐要素与演奏、演唱技能，初步养成了良好的音乐学习习惯，对于音乐课程的学习也有了大致的了解。但每周2节的音乐课，有的班级一节安排在周一，另一节安排在周五，这样的学习节奏大大降低了学生对于音乐技能学习的掌握速度，前学后忘的学习状态也不利于技能的养成，继而造成音乐表现力不足等情况的出现。此时，则需要进行突破。

安亭小学音乐组设计了一套技能集中强化突破策略：一个班级在一周内四天下午都上音乐课，教师设计一个主题，选择一种乐器，通过8课时进行集中强化学习。这样的学习既避免了前学后忘的窘境，也更好地帮助学生在每天的练习中不断巩固已学的知识，让学生在最短的时间内熟练掌握一门乐器的演奏，使其能从容、自信地进行表演，继而达到音乐表现力的再一次突破，也为五年级音乐综合表演奠定良好的基础。

在音乐课程标准与《教学基本要求》的指导下，结合国家课程，教师设计了以下中年段“口风琴”课程的实施方案。

课程目标

1. 在实践活动中，激发对口风琴的兴趣。在口风琴、打击乐合奏的过程中，自身的合作能力、创新能力得到提高。

2. 通过自主学习、同伴合作的方式学会乐曲演奏，在欣赏、聆听、合作的过程中了解同伴、提高自身的合作能力。

3. 学生在视唱、初学口风琴、合奏的过程中，提高简谱的识谱能力，学会口风琴的基本吹奏指法以及气息控制，并能使用简单的打击乐器演奏。

课程内容

1. 熟练掌握口风琴吹奏中的气息控制、基本指法。
2. 用正确的演唱姿势和方法，吹奏长音、吐音等基本内容。
3. 基本掌握简谱的识谱方式，并能在乐曲中熟练运用。
4. 熟练吹奏《小宝宝要睡觉》《划船歌》《我们大家跳起来》等乐曲。
5. 运用口风琴和打击乐进行音响合作，并能进行简单创编。

课程实施

适合四年级学生在《音乐》课堂教学中参加。通过每周两节音乐课，根据不同的板块内容，设计符合学生年龄特点的口风琴吹奏。通过各级各类艺术比赛、演出，展示学生的艺术表现力。

3. 高年段技能集中运用

通过低中年段的音乐学习，学生已经掌握了许多音乐表演技能，如舞蹈律动、课堂常用打击乐器的演奏、多种演唱形式以及课堂常用音高乐器。同时，学生也初步具备了基本的音乐表现能力，对于作品的理解以及情感方面的运用也有了显著提升。这时，将多种表演形式集合在一起进行综合表演，是进一步落实音乐表现能力培养的有效途径。

学生学习戏剧表演，不仅仅可以提升各种能力，而且对于思想品德的修养更是有帮助。育人不育德，是教育的悲哀。德育和美育是素质教育不可分割的一部分，儿童的早期教育工作是国家培养下一代的基础教育，这有利于学生养成自信乐观的心理品质，通过学生核心能力的培养帮助学生更快更好地融入到今后的学习、工作、生活中。

在音乐课程标准与《教学基本要求》的指导下，教师设计了以下高年段“戏剧表演”课程的实施方案。

课程目标

能在各种丰富的音乐实践活动中自信地演唱、演奏，并与伙伴合作进行综合性艺术表演，做到爱音乐、能表演、会编创，在淋漓尽致的表演中，展开想象的翅膀，提升自我控制力、专注力，增强自信心，提高审美情趣，培养积极乐观、互敬互助的人格魅力。

课程内容

1. 通过“鬼脸传递”“快乐的农场”“天使传递”等板块的学习，掌握基本的音乐知识与技能，会唱、会舞、会奏、会演，抒发对祖国、对家乡的赞美之情。

2. 能根据主题合理运用音乐唱、舞、创等技能，与伙伴交流合作、即兴创编、分组进行综合表演。

课程实施

1. 适合五年级全体学生。

2. 每周针对一个班级、一个技能（教材内）进行集中连续性训练。上学期每个年级分别确立一项技能，合唱、口风琴、合作表演，下学期为主题式综合表演。

3. 学生社团持续推进。有特长的学生自愿加入校级社团，由外聘专家老师进行专业化的辅导提升，并有机会推送参加市区级演出比赛活动。

课程评价

一星级音乐家：能背唱教材中任意 4 首歌曲，会跳一个民族舞舞步。

二星级音乐家：对各类音乐课型都保持兴趣，乐于跟伙伴合作创设情境进行表演。

三星级音乐家：利用互联网进行网络上传、媒体展示，在圆梦广场小舞台表演。

四星级音乐家：参加校级以上演出比赛，为学校争得荣誉。

（三）项目推进实操

1. 设计多种学习方式

器乐进课堂是基础教育课程改革、改变传统教学观念的必由之路，它有利于开拓学生视野，提高学生学习音乐的兴趣，开发其智力，培养其良好的情操。四年级趣味口风琴的教学中，教师发挥自己的兴趣特长，分别从乐谱视唱、口风琴基础、打击乐伴奏三个方面整合教学，让学生在每位老师的音乐课堂中培养兴趣、发挥特长、乐于合作。综合课程的改革，让每位学生得到了发展，找到了自信。

在第一学期的课程学习中，识谱有困难的学生在老师一遍又一遍的指导下，从不识谱到能单独唱简单的乐谱；大部分学生在老师的教学中，学会了基本的口风琴吹奏技巧，能在短短的4课时中，学会吹奏两首简单的乐曲；有一部分学生，口风琴吹奏技巧不熟练或不感兴趣，便选择二年级时已经学过的打击乐器，通过自主选择节奏型或创作节奏型为歌曲伴奏。在第二学期的课程学习中，教师教授和弦伴奏的吹奏要领，和弦伴奏的设计正是在上学期学习单音吹奏的基础上进行的。通过学习，掌握较好的同学在完成和弦吹奏的基础上，挑战难度更高的乐曲，而掌握一般的同学则吹奏教师提供的和弦级数，为歌曲伴奏，一样能参与到音乐表现活动中。

2. 设计多元评价模式

从课程实施的第四天起，教师采用等第制评价的方式促进学生勤奋练习。通过A、B、C、D四个等第进行评价，A代表完成吹奏全曲，不出现错音、换气错误；B代表能基本完成演奏，但有个别错音；C代表出现一定的错误，但能“跌跌撞撞”完成吹奏；D代表基本技能不熟练，如穿指错误、指法错误。

在第一次评价以后，每位学生对自己的吹奏能力都能有足够的认识，通过认真练习后可向老师申请再次挑战，如若进步则在原有等第的基础上进行升级，直至最后一次评价，以此促进学生主动学习。在完成本学期课程后，学生填写如表 4－1 所示的评价表。

表 4－1　学生小组合作学习评价表

类别	内　　容	自评	互评	师评
简谱视唱	能准确视唱乐谱《小宝宝要睡觉》《划船歌》。	☆☆☆	☆☆☆	☆☆☆
	能背唱乐谱。	☆☆☆	☆☆☆	☆☆☆
	能视唱乐谱《我们大家跳起来》。	☆☆☆	☆☆☆	☆☆☆
	学习态度分。	☆☆☆	☆☆☆	☆☆☆
口风琴入门	学会基本的演奏姿势，会正确使用口风琴。	☆☆☆	☆☆☆	☆☆☆
	能用稳定的气息、准确的指法演奏乐曲《小宝宝要睡觉》《划船歌》。	☆☆☆	☆☆☆	☆☆☆
	能通过自主学习的方式独立吹奏《我们大家跳起来》。	☆☆☆	☆☆☆	☆☆☆
	合作态度分。	☆☆☆	☆☆☆	☆☆☆
口风琴合奏	能认识打击乐器。	☆☆☆	☆☆☆	☆☆☆
	能为乐曲《我们大家跳起来》做简单伴奏。	☆☆☆	☆☆☆	☆☆☆
	能与同伴完成《我们大家跳起来》伴奏。	☆☆☆	☆☆☆	☆☆☆
	能积极参与小组合作，学会聆听他人。	☆☆☆	☆☆☆	☆☆☆
总体体会	我的收获是：			

三、促进项目优化的表现性评价实施策略

项目学习就是一个特殊的将被完成的有限任务，要求在一定时间内，满足一系列特定目标的多项相关工作的学习、掌握。随着二期课改的不断深入推进及对“课程”更全面的理解，学校立足以学生发展为本，构建适合学生发展的课程；以改变学习方式为突破口，重点培养学生的实践能力和创新能力；加强课程的整合、重组，设计基于学生已有经验、学习兴趣，培养学生可持续发展的综合活动能力。

我校音乐组根据教师自身特色、学生能力培养、学生认知发展需求等方面因素，各年级确立不同的技能训练，开展项目学习。在项目学习中，重要的结果就是提高学生运用知识与技能解决问题的能力，表现性评价就是将学生置于真实的任务情境之中，要求其执行一定过程或创造出产品，对“做”的能力做出评价。表现性评价是注重过程的评价，在课堂教学与评价中受到普遍的重视和推广。下面以五年级毕业季项目“杯子歌”为例来阐述如何在音乐项目中进行表现性评价。

（一）兴趣为先，自主选择项目内容

兴趣是最好的老师，它是人们活动强有力的动机之一，它能调动起人的生命力，使大家热衷于自己的事业而乐此不疲。毕业班的音乐学科任教老师在课堂上和同学们一起商量、讨论，决定把曾经在电视上看到的、大家都很喜欢的“杯子歌”作为本次毕业季的音乐课程内容。这首歌本是阿尔文·普莱森特·卡特在20世纪30年代创作的一首老歌，后由多人反复修改，加入了击杯元素

并修改了填词，最后由美国演员安娜·肯德里克在电影《完美音调》中唱红。安娜版的《杯子歌》曾位跻"公告牌百强单曲榜"第 6 名。随音乐拍击节奏，同学们可以在组内或班级圆圈内顺利传递杯子。

（二）目标前置，讨论制定评价标准

五年级学生已经具备一定的音乐理解能力、音乐表现力，他们喜欢做学习的主人，既然自己选择了《杯子歌》，也对毕业季课程有一定的了解，所以当老师告知课程要有评价标准时，他们便自告奋勇地以小组形式开始讨论，组长执笔，组员三言两语提建议，一节课的时间，通过全班师生一起商讨，决定具体的评价内容与标准。

1. 评价内容

节奏一：4/4 xx　xxx　xx　x|

杯子先倒扣在桌上，拍手 2 次，拍杯底 3 次，拍手 1 次，拿起杯子，放桌上（如图 4－1 所示）。

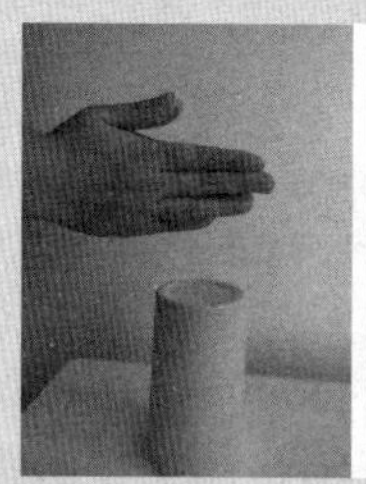
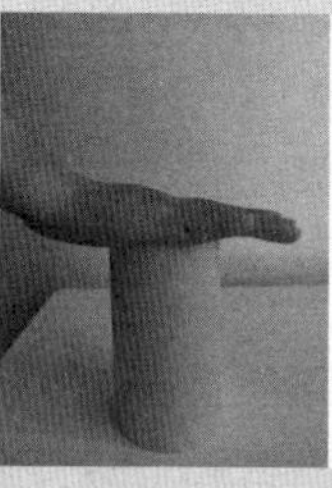

图 4－1　节奏一示例图

节奏二：4/4 x0　xx　x0　x　|

杯子先倒扣在桌上，拍手1次，右手反手拿杯子(拿起后杯口向上)，磕手，磕桌子，杯子放在左手，右手放在桌上，左手翻转(使杯口向下)倒扣在右手的右侧。

2. 评价标准

表4-2　2015音乐学科毕业季课程学生能力评价表

评价等第 评价标准	A (表演级：表情自然、准确地演奏)	B (演奏级：能节奏稳定地演奏)	C (参与级：在演奏中自己调整失误，继续演奏)	D (旁观级：无法连续演奏)
1. 能跟随老师一起拍击节奏				
2. 能独立拍击节奏一				
3. 能独立拍击节奏二				
4. 能连贯拍击节奏一和节奏二				
5. 学会听音乐进行节奏拍击				

由于最终的表演要全班参与，甚至是全年级同学合作，因此，演出成功对演员的技能要求较高，按照表现性评价的标准，我们可以清晰地检测出哪些同学可以参加演出，哪些同学只能无缘录像。所以，学生在训练的每一步都非常认真，他们用评价标准检测自己的动作能力、动作表现，有了表现性评价的可测性，同学们的学习积极性大幅度提高。

（三）教师助力，初步完成课程任务

培养学生的能力，教师必须清醒地知道，不能什么都做替代工作，而做好适当的引领、指导工作是很有必要的。完成了前期的引导开始进入学习操作阶段时，教师负责剪视频、买杯子、做方案，利用音乐课时间把基本技巧教给学生；学生为了给自己的小学毕业典礼留下一个美好圆满的回忆，在课上、课间反复训练，大家信心满满。一个月的时间很快就过去了，根据自定的考核标准，全年级319位学生中还是有21位学生属于旁观级，不能准确拍击节奏，无缘参加视频拍摄。

录像那天，没通过的孩子不愿意在图书馆看书等待，全部赶到拍摄地点——学校体育馆，并且在场上看到其他同学做准备活动时，他们在场下拼命练。看着他们认真的模样，教师允许他们加入到队伍中参加拍摄。由于传递杯子的队形是一个个庞大的圆圈，只要有一位同学不熟练，杯子就不能顺利传递，拍了好几遍都不能成功。没办法，只能把这些孩子再挑出来当观众。

由于精简了队伍，拍摄总算顺利地结束了，那时，真不敢看边上那群观摩的同学，不敢接触他们羡慕的眼神，不忍看着他们渴望的样子。

那一年毕业典礼果然精彩纷呈，全年级的“杯子歌”浩大、辉煌，为典礼增色不少。

（四）发现问题，协作完善评价机制

一年很快就过去了，又逢一届毕业季。音乐项目“杯子歌”又要开始“演奏”了，想起了去年运动馆里那几张无奈又充满渴望的小脸，他们的眼神中充满着期待，仿佛在问：“老师，为什么我们不能参加？”“老师，您要是节奏简单一点的话，我是可以的！”“老师，我已经尽力了，可我不想掉队……”“老师……”

为了让每一位孩子出现在毕业季课程展示的镜头中，教师进入了思索中：运动场上有主力队员和替补队员、电影中有主角和配角，难道我们的演奏不可以出现助演吗？

通过一次毕业季课程的实施，教师发现了课程表现性评价设计的缺陷，由于标准的难度高，导致一部分学生无法参加令人向往的具有纪念意义的视频拍摄。教师毅然决定改变表现形式：把原来的圆形队形改成方形，中间的学生保持着杯子循环传递，呈现出流动感，在横队两头让拍击节奏不熟练的同学排在排头或排尾，只需要完成发杯子或收杯子的动作，这样一下子降低了难度。于是，在课堂上师生互相协作商议重新修改表现性评价标准，如表 4－3 所示。

表 4－3　2016 音乐学科毕业季课程学生能力评价表

评价等第 评价标准	A （表演级：表情自然、准确地演奏）	B （参与级：在演奏中自己调整失误，继续演奏）	C （基础级：发放、传递杯子）
1. 能跟随老师一起传递、拍击节奏一			
2. 能跟随老师一起传递、拍击节奏二			
3. 能跟随音乐进行传递，拍击节奏			

半个月下来，全年级的学生在这样的标准里，各自找到了自己的能力地位，他们各司其职，信心满满。

（五）师生互动，展示项目学习成果

又到了拍摄视频的阶段，同学们着装整齐，满脸自信，排头的学生随音乐节奏发放杯子，排尾的学生随音乐节奏收杯子，整个年级组的学生一个都不落下，1次、2次……在导演的镜头下演绎着他们精彩的一幕：323名学生共同演绎击杯式歌曲《杯子歌》，场面非常壮观。

看着视频中每位孩子灿烂的笑脸，看着毕业季课程中壮观的一幕，作为教师，内心无比激动。是啊，我们不能选择受教育者，必须平等地对待每一位学生，以尊重与爱去构筑学生健康的人格，为他们一生的发展奠定坚实的生命基石。作为教师，我们要懂得欣赏，欣赏每一个不同的个性，欣赏丰富多彩的生活，善于发现孩子们的每一点进步与成功，为他们真诚喝彩，激发他们的生活热情，支持他们充满信心地走向下一个人生驿站。

在本次项目设计中，我们收获满满：既有了团队智慧的展示，又实现了学生的思维能力、动作技能的提高，还有了不断完善评价标准的体验，进一步促进我们项目学习的优化。

第五章

优化整合：体育课程的项目学习

项目学习是通过课程的重构，解决学生学习低效的问题，把教材与生活、概念与经验、综合素质与技能发展等高度融合与联结起来，既立足当下，也面向学生的未来的一种学习方式。在小学体育教学中运用项目化教学方式，打破了传统体育教学的框架，有效地激发了学生体育学习的积极性和主动性，使学生获得一项或者几项体育技能，培养学生会锻炼、会运动的生活习惯，以满足未来社会对人才发展的需求。

学校教育教学活动的载体是课程。体教工作也是一样，除了在制度和设施上有所保障外，还要加强学校体育课程建设，让体育工作真正活起来。嘉定区正在推行的课程综合改革项目也为学校体育课程改革提供了有利条件。

安亭小学在充分调研体育教学的基础上，确立每个年级一个体育特色项目的工作方针，目标是让安亭小学的每个孩子能够在五年的学习生涯中初步掌握五项运动技能，形成一定的运动能力，养成良好的运动习惯和运动品质。

一、基于儿童身心发展特点的体育项目设计

在安亭小学，体育不仅是育体，也是育美、育智的手段，更是育德、育人的途径。学校注重顶层设计，制定了“让每一个学生爱运动，让每一个学生会运动”的学校体育工作总方针，并分别制定了篮球、游泳项目五年发展规划以及各年级体育课程综合改革建议，以目标体系、实施体系、保障体系共同支撑学校的体育特色建设，坚持普及和提高相结合，为孩子们的终身锻炼、健康生活创设机会和条件。

（一）项目设计的背景

学校体育领导小组对学校体育课程进行调研，发现传统的体育课堂以跑跳投项目为主，上课过于死板，抹杀了学生的上课积极性；技能训练方面也过于枯燥和零碎，不利于学生掌握，从而造成许多学生失去对体育课的兴趣。

基于以上认识，我校确立的“大体育”就是要给每一个孩子提供适合他们的体育项目，让他们在体育课中不光光是学会体育技能，还要学会好的生活习惯和坚强的思想品质。为此，根据学生的各个年级段的身心特点，我们确定在每

个年级实施一项体育特色项目、掌握一项体育技能的体育改革方案。该方案有两个特点：

① 以促进学生的健康发展、培养学生终身体育意识为目的，将国家课程和校本课程统整，不断优化体育课程结构，提高体育课堂效率。

② 改变传统理念，充分为学生服务。打破原有课程教学形式，充分体现体育课堂教学、课余体育参与、校园体育文化的大课程观理念。

（二）项目设计的原则

1. 减负提效原则

在不增加课时量的前提下，集中技能强化学习，让学生在较短时间内能够初步掌握体育技能。

2. 整合优化原则

通过选择、改编、补充、拓展等方式，实现体育国家课程、地方课程的校本化、个性化。

3. 普及提高原则

在人人掌握一项体育技能的前提下，逐步培养一部分优秀学生。让每一个学生的发展潜质、兴趣、爱好、特长得到更好的发掘和培养，进而充分张扬其个性，为将来成长为专业之才奠定坚实的基础。

（三）项目的制定与保障

各年级项目主要有：一年级少儿围棋入门课程，二年级少儿趣味篮球课程，三年级少儿击剑对抗课程，四年级少儿游泳基础课程，五年级少儿排球基础课程。

① 分年级项目选择是根据不同年龄段儿童的身心发展特点来制定的。例

如，对于一年级学生来说，他们的注意力集中时间短、注意广度差、意志力薄弱，在一年级安排围棋课程，不仅能开发孩子的智力，还能促使孩子养成良好的品格。要下好围棋，心要静，气要定。孩子在学棋后，注意力集中的时间有所延长了，创新能力、独立解决问题的能力和思维能力有所提高，还有意志力也得到增强。因此，学围棋对于提高孩子非智力因素方面的能力很有帮助。

② 篮球是我校传统项目之一，也是教育局与体育局在我校的布点项目之一。"让安小的每一个学生爱上篮球、会打篮球，让有能力的学生打好篮球，让有天赋的学生找到可以扬己之长的发展方向"也是我校发展篮球特色项目的定位与构想。为了把构想变为现实，我们做到了步步为营，扎实推进，特别重视分阶段的实施。所以我们在二年级安排了趣味篮球课程，配套的我们还有二至五年级的篮球校本课程，让全体学生学习篮球的基本技术，使他们都参与到篮球活动中去，感受篮球的快乐。

③ 击剑是从古代剑术决斗中发展起来的一项体育项目。它需要结合优雅的动作和灵活的战术，要求运动员精神的高度集中和身体的良好协调性，体现出运动员良好的动作和敏捷的反应。三年级的孩子表现为活泼、开朗、做事积极，什么都想听一听、看一看、干一干，有一定的观察力。击剑训练不仅可以提高学生的注意力，对学生的灵敏、协调等素质也有一定的帮助。

④ 游泳课程是四年级的体育必修课程，五年级是安排了排球项目，这两项运动属于技能性要求较高的运动，所以根据学生特点，安排在高年级进行教授，四、五年级的学生身体素质等发展处于敏感期，学习和掌握技术动作较快。

学校利用校安工程，对各项体育设施进行了翻新和升级。现在学校拥有一个 980 平方米的室内标准篮球馆、3 片室外标准篮球场、一块足球场和 250 米塑胶跑道。学校在校舍紧张的情况下也单独设立了一间器材室，并配有专人进行管理，每年都会定期对体育器材进行补充和更新，确保学生的体育锻炼顺利开展。另外，学校和沈坚强游泳俱乐部、剑宸国际击剑俱乐部进行长期合作，让学生能够得到更加专业的运动场馆训练。

一年级的围棋技能教学，我们在学校校本拓展课上进行试点，利用校外围棋培训机构的优质课程，在一年级的部分学生中开展试点，在积累经验的基础上和国家课程进行整合，推出适合一年级学生的围棋项目。发挥学校课程开发的优势，在学校课程委员会的指导下，利用学校已有的优秀校本课程（如"我爱篮球"）开发经验，在国家课程标准下开发适合安亭小学学生的少儿篮球项目。三年级的击剑项目是与剑宸国际击剑俱乐部进行合作，依托他们的专业教练团队和专业场地，让孩子们能够实实在在地学习到击剑本领，体验到击剑运动给他们带来的乐趣。四年级的游泳项目是与安亭文广中心沈坚强游泳俱乐部合作，购买其游泳课程。学校进行课程统整，利用体育活动课的时间确保四年级每个学生每周有 1.5 小时的游泳时间。利用学校场馆，学校聘请了专业的排球教练员负责我们五年级排球课程的教学工作和学校男子排球队的训练工作。

另外，学校有 7 位专职体育教师，每位教师都有着扎实的体育基本功和丰富的教学经验，都有自己指导的运动队。每年学校都会安排他们跟进自己年级的项目实施课程，确保课程得到顺利实施。

（四）项目方案的设计与撰写

基于以上对体育项目学习的设计阐述，为了讲清项目方案设计的原则和思路，现以二年级的《安亭小学趣味篮球项目开发方案（普及）》为例。

1. 项目背景分析

体育课程传统的教学模式是以训练学生的动作技能为教学内容，学生在传统体育课上只是零碎地学习到一些体育基本技能，这样的教学模式导致学习效率低下，不利于学生从整体上掌握某项体育运动的要领，缺少对体育运动习惯的培养，不能真正调动学生学习的积极性。因此，体育课程的教学改革势在必行。我校根据体育课程的教学目标开展体育课程授课方式的改革，在众多的教学改革模式中选择了项目化教学，在最近几年的尝试中获得了一些经验。项目化教学的教学模式是“以学生的能力为本”，在授课的过程中尝试以设置具体的工作项目为核心，选择学生有兴趣或有特长的体育项目为教学内容，在规定的授课时间内完成这些项目的任务。项目化教学是从每位学生的专业特点出发，将教学目标、教学内容和教学方法统一成一个整体，学生选择自己喜欢的体育项目，如篮球、击剑、游泳、排球等项目。通过项目的学习，提高学生参与体育运动的积极性，挖掘学生的潜能，培养学生勇敢顽强、坚持不懈、乐观进取的精神，激发学生的竞争意识，提升学生的综合素质，形成学生终身的体育特长。

2. 项目实施目标

① 掌握基本的篮球运动技能，了解简单的篮球比赛规则。

② 增强小学生体质，培养科学合理的健身技能以及良好的锻炼习惯。

③ 通过篮球运动，培养学生的意志力、合作力和竞争力。

④ 提升学生的人文修养，促进学生树立终身体育的意识，培养学生的体育兴趣以及体育意识。

3. 项目实施保障

安亭小学是上海市篮球传统体育项目校，嘉定区篮球布点项目校。近几年，篮球项目在市区各级比赛中取得不俗的成绩；学校教学目标将篮球作为体育教学重点项目；作为篮球传统体育学校，学校有着浓厚的篮球学习氛围，另外，学校在师资方面除了有体育局指派的专职体育教练外，学校的专职体育教师都有着丰富的篮球教学经验。

4. 项目提升拓展实施方式

（1）营造篮球氛围，感受篮球文化

发挥学校墙体板报的作用，在学校操场和体育馆悬挂各种篮球宣传海报；积极发挥校园媒体作用，利用校园广播站播放篮球相关知识的短片，烘托营造篮球运动开展的良好氛围。

(2) 搭建篮球平台，展示个人风采

学校每年举办“篮球嘉年华”，通过游园的形式，让每个孩子都能够参与到篮球运动中来，让他们爱上篮球运动，懂得合作，锻炼意志，感受篮球的魅力，展示生命的活力。“篮球嘉年华”活动融入了学校价值观，关注学科综合性，体现课程延伸力，注重参与的全员性和全程性。

(3) 构建比赛体系，凸显篮球特色

组织好小型篮球竞赛，保证篮球竞赛活动的质和量。每年在六一期间，学校开展校园篮球竞赛，如 1 分钟投篮比赛、跑篮比赛、运球接力比赛、班级篮球联赛、年级全明星篮球赛等，以激发学生的参与热情。

二、体现优化整合的项目实施路径

（一）专业引领，提升项目品质

1. 加强培训，提升教师专业水平

我校是体育局篮球项目的布点学校，体育局委派专业篮球教练蹲点我校进行篮球训练。同时，我校也是传统篮球强校，学校体育教师都具有一定的篮球教学功底，但是毕竟不是专业篮球出身，在技术动作方面还是存在偏差，不够标准。为了让二年级学生接受更为专业的篮球技能学习，学校聘请篮球教练张珠萍老师作为学校篮球顾问，利用教研活动等时间，手把手纠正教师的动作要领，帮助体育老师提升教学基本功，有时张指导还会亲临一线开展教学，让学生近距离地接触专业教练的授课，快速提升篮球技能。

2. 购买专业服务，填补学校空白

一年级围棋、三年级击剑、四年级游泳这些项目，学校没有专业体育人才，所以学校采用购买第三方专业服务的方式来填补学校空白项目。学校让体育老师跟进定点项目，配合校外机构做好项目方案的开发设计、项目实施和项目评价等工作。例如，一年级的围棋项目，学校聘请上海丹朱棋艺的专业团队负责项目实施，他们和我校的体育教师合作开发了一套适合我校一年级学生的校本教材；三年级的击剑项目和上海剑宸国际击剑俱乐部合作，他们的教练在我校的体育馆上基础课，实践课则是安排在击剑馆上，学生们穿上专业击剑服，都非常兴奋；四年级游泳项目和上海沈坚强游泳俱乐部合作，每个班级都会有老师带队去游泳馆上课，第一节课进行摸底分班，教练会根据学生的实际水平进行分组教学。另外，除一年级的围棋课是在普通教室上课外，三、四年级的项目均需要专业场地进行学习，我们也和他们签署了场馆租赁合同。

通过自我培养和购买服务相结合的办法，提升师资的专业素养，为项目学习提供优质、专业的师资力量，同时也为学生能够接受更为专业的技能学习提供了保障。

（二）普及推广，整体提升运动技能

1. 集中学习，强化技能习得

将体育课和体育活动课整合，专职体育教师或校外专家利用体育课的教学时间集中教授体育技能（一般是2—3周，每周3节课）。学生在初步掌握技能后，利用活动课进行巩固和提升。例如，四年级的游泳项目，我们和学校的技能集中强化项目整合。每班每周一、二、四、五下午连续两节课都上游泳课，连上两周，待大部分学生都掌握了游泳技能后，再实施一周一次的游泳课学习方式。这样学生在集中学习模式中能够在不增加学习时间的前提下，较快掌握游泳技能。学校曾做过专门的数据分析，在这种学习模式下最终能顺利掌握游泳技能的学生数比传统一周一次游泳的人数提高了近15%。

2. 竞技活动，形成运动能力

学校根据每个年级的特色项目，以年级组为层面组织学生开展体育赛事。通过比一比、赛一赛来不断提高学生的运动技能，形成运动能力，同时也在这样的活动中增强学生的荣誉感和集体凝聚力。每年六一期间，学校会组织各种体育嘉年华活动，充分展示各体育项目一年来的学习效果。如，五年级会举行排球大联赛。首先，班级内部进行排球技能比拼，选出12名队员组成班队，参加学校大联赛，再通过班班之间的比赛，最终决出前三名，学生很喜欢这样的比赛形式，参与度极高。学校也通过这种层层选拔的过程，形成对学生排球技能的评价模式。

通过技能集中学习模式和年级大联赛的措施，安亭小学的每一个学生在五年的学习生涯中，能够初步掌握五项运动技能，形成运动的能力，养成良好的运动习惯和运动品质。

（三）拓展提优，发展专项运动能力

各个项目在普及学习过程，会出现一批优秀的学生。为了进一步发展和挖掘这些孩子的运动才能，学校会将这些学生组成校队，利用其他课余时间由专人进行带队训练，参加各级各类比赛。例如，我校组建的女子篮球队、游泳队在区、市各级各类比赛中屡获殊荣。在2018年举行的第十六届上海市运动会青少年篮球比赛中，我校女子篮球队一路过关斩将，最终夺得冠军，为嘉定的体育史增添光彩，为学校创造了辉煌。

三、促进运动技能发展的项目评价

2013年上海市教委发布《关于小学阶段实施基于课程标准的教学与评价工

作的意见》，其中提出，要科学设计评价内容与要求；依据课程标准和学生年龄特征，合理设计评价目标、评价内容与评价方式；采用等第制和评语相结合的评价方式，要加强对等第制和评语相结合的评价方式的研究与实践，对学业成绩、学习表现、学习动力等评价结果采用等第表达，并结合学生个体学习情况，从学习态度、学习习惯、知识理解、学习能力等方面选择若干要素进行评语描述，真正提高评价的科学性；注重评价结果对学生的促进作用，明确基于课程标准的评价不是对学生进行评定或比较，而在于发现学生在目标达成过程中的差距，进而调整教学方案或向学生提供反馈信息，促进学生的学习。在区教育局《嘉定区小学基于课程标准的教学与评价工作实施方案》提出后，我校也根据自身实际情况制定了“基于课程标准的教学与评价”实施计划。

在对我校的体育项目评价方式进行梳理后，发现主要存在以下三个问题。①评价方式机械、单一，过于强调评价标准的统一性。②评价标准单一，以传统测试成绩为主。③过分关注对结果的评价，对学生在学习过程中的行为表现无关注。众所周知，体育是一门实践性的课程，评价内容与方式的多元化能增强学生在学习过程中的自信，营造良好的学习氛围，从而引导学生更好地进行学习。

下面就如何在项目学习中实施评价，以五年级《安亭小学排球入门项目开发方案（普及）》为例进行阐述。

1. 项目背景分析

排球是同学们喜欢的体育项目之一，由于其集体性强，具有强烈的对抗性和趣味性，能满足青少年身心发展的需要，对于培养学生勇敢顽强的意志、合作精神和锻炼身体都具有重要的价值和意义。其中正面双手垫球是排球运动中较简单，也是初学者较容易掌握、较为实用的技术，对于其他技术的掌握也有衔接作用，通过练习，发展学生的灵活、机敏的反应以及速度、力量、耐力等身体素质，还能培养学生的协作意识和集体主义精神。

2. 项目学情分析

五年级的学生活泼好动，身体正处于生长发育时期，思维较活跃，组织纪律性和集体荣誉感强，有一定的合作意识。学生已经知道排球的概念，了解了一些简单的排球动作，对排球的基础知识有所了解，会一些基础的排球动作，如垫球，但是还不能控制好力量、击球点等，自我保护意识也有所欠缺。

在进行正面双手垫球教学时，学生因为是初次接触垫球动作，兴趣非常浓厚，跃跃欲试，但是在尝试后，发现球非常不“听话”，很多学生垫球点不对。针对这一现象，我在教学中把内容由繁化简，再结合评价活动，以兴趣为主导，激发学生学练兴趣，促使他们能积极主动地参与学练活动，来完成本课的设置任务：触球部位准确。

3. 项目活动设计

① 巧用贴条，突破重、难点。本课的重点是触球部位准确，为了突出重点，围绕“触球部位准确”，我给每位学生手腕贴条，通过“讲解示范—徒手模仿—击固定球—自抛自垫”的教学过程，把教学过程简化，让学生逐步解决重点。

② 循序渐进，掌握技术。先安排两人一组，一人持球于腹前，一人练习击球部位。再运用悬挂球方式，通过小组合作形式，每位学生轮流进行贴条触球练习，在这里要求学生之间互相观察，适当提示“插、夹、抬”等技术动作要领，看手腕贴条部位能否触碰到排球，最后进行自抛自垫练习。让学生在循序渐进的练习中体验到学习的快乐。

③ 融入情境，体验动作。利用贴合情境的故事情节，来引导学生体验正面双手垫球。

4. 项目设计评价

（1）评价内容

① 是否认真听老师讲解，专心观察。②是否主动参与全过程。③学练过程中是否认真思考，与同伴互动，是否主动参与小组合作。④是否遵守课堂规则。⑤是否积极思考，发表自身感受。（具体见表 5－1）

表 5－1　安亭小学排球项目学习评价表

评价维度	观测点	评 价 标 准	评价结果
学习习惯	倾听	认真聆听教师动作讲解等，认真聆听思考同伴的交流和问题回答。	☆☆☆
	学练	积极主动地按照教师指令进行锻炼，小组合作，结伴执行学习任务，主动参与小组展示训练。	☆☆☆
	守规	遵守安全要求和课堂常规，遵守游戏规则。	☆☆☆
	参与	主动参与模仿练习和分解动作练习，在体能练习中能够做到挑战自己。	☆☆☆
学业成果	表达	能够说出所学内容主题教学重、难点以及学练过程感受。	☆☆☆
	技能	能够按照要求做到触球部位准确。	☆☆☆

（2）评价方式

① 学生自评，让学生在学习过程中检查自己的学习习惯，对活动过程中自己是否倾听、学练、守规做出评价（涂黑五角星），逐步培养学生的自我评价能力。

② 学生互评。

③ 教师评价。教师依据学生的学习目标达成度、行为表现和进步幅度等，参照学生自我评价与相互评价的情况，对学生体能、知识与技能、学习态度、情意表现与合作精神、健康行为等五个方面的学习成绩进行综合评价。

体育老师要基于课标开展及时有效地进行教学评价，要根据项目的教学内容设计合理的评价内容、评价标准、评价方式，根据小学各年龄段学生的年龄特征，把这些标准融入创设的教学环节中，通过不同的情境教学，让学生开展自评、互评，提高学生的学习积极性，帮助学生掌握学练技能，养成良好的学习习惯，从而达到体育的健身育人的功能。

通过近几年的特色体育项目改革试验，学校的体育工作又上了一个台阶。

逐步在学校里面形成了人人爱体育、人人懂体育、人人会运动的氛围。在做好普及体育项目，切实增强学生身体素质的前提下，不断挖掘好的体育苗子，做好学校的体教结合工作。为此，我校被嘉定区体育局和教育局评为“体教结合先进单位”，学校各类体育社团在市、区级比赛中获奖众多。

第六章

主题统领：美术课程的项目学习

基于项目学习的四、五年级技能集中强化项目是由学校统筹开展的，其将美术与其他技艺学科合作，打破原有固定课时安排，“长短课”“大小课”结合，进行“乾坤大挪移”般的时序调整，让美术学习更加灵动。它是基于小学美术课标，基于学科核心素养，以主题单元贯穿，整合重组内容，结合项目学习理念来设计、实施的长期学习。它让学生走出教室，走出校园，不仅激发学生的学习兴趣，还使之受益匪浅，提升其学力。

一、基于儿童经验的学习主题设计

随着上海二期课改的不断深入推进及对“课程”更全面的理解，我们立足以学生发展为本，构建适合学生发展的课程；以改变学习方式为突破口，重点培养学生的实践精神和创新能力；加强课程的整合、重组，设计基于学生经验、学习兴趣，培养可持续发展学力的美术类综合活动。“走进民间彩塑　传承车城文化”就是根据我校综合课改项目的要求设计的，它对如何基于儿童经验进行项目主题设计做出了实践性的阐述。它结合本校“心中有他人，学习有毅力，实践有能力，创新有热情”的培养目标，落实建构我校“响应儿童需要，享受教育生活”的“大教育”。

（一）项目设计原则与思路

项目设计立足于美术课程标准与美术教材内容的统整；立足于学科内部、学科间的统整；立足于整合多方面资源的统整；立足于我校的办学理念与学生生活经验、兴趣的统整；立足于技能学习的规律，美术知识、技能的“传承”与教学内容形式的“创新”的统整；立足于学科核心素养与学生合作探究等“可持续发展学力”的培养，让学生用一段相对集中的时间，着重学习活动内容有关联性的，美术技能有层递性的主题项目学习活动。

经过实践观察，我们发现：根据市课程计划，四、五年级美术课程设置为每周 1 课时，只有短短 35 分钟，教材内容中技能学习与知识学习相互交叉，学生的技能学习是零散的，缺乏连续性的。尤其是诸如水粉、国画等起始课的设置，还没等学生熟悉，就要留待“下回”分解。学习时间仓促、相关学习知识易被遗忘、课程内容编排呈散片状分布，以及课程时序安排不够合理等，成为众多美术教师共同的困惑。“走进民间彩塑　传承车城文化”这一美术项目学习就是根据学习理论与课程整合理论，尝试整合各类课程，将技能学习统筹在一个相对集中的阶段让学生进行连续学习，这样不仅能提高学生的学习效率，更能使学生在学习中发现问题，及时解决，促进实效。

“泥塑”作为中小学美术课程的重要内容之一，不仅可以帮助学生形成空间造型能力、动手动脑能力，更可以让教师结合教学内容，培养学生对祖国传统艺术的兴趣与民族自信的意识。经过梳理，我们发现：从一年级到五年级，美术教材中都有这方面的内容，学生玩泥的兴趣高，但每次都只有 1—2 节课，相对显得较为分散。我们使用的上教版教材，四年级上册只有“我们的吉祥物”这课与泥塑相关，其余的内容则要到下册及五年级了。为此，笔者根据四年级“技能集中强化”项目的要求，针对这一课重新安排内容，调整并联系实际加以整合，进行美术主题项目设计，试图抓住“趣”字来设计模块的分层内容，调动学生的学习积极性，也设法使美术课的作品与学生的生活联系起来，如“吉祥小泥玩”捏塑的是动物游戏棋，“捏捏小泥人”捏塑的是自己及身边人的组合群塑，而“我设计的吉祥物”则是为安亭汽车城捏塑设计吉祥物，内容设计得有趣些，相对地学生的兴趣也会浓些。

（二）项目设计学习与准备

在学校领导和外聘专家的指导下，从学习模块项目的理念、头脑风暴式的讨论，到一对一的答辩、项目申报等，教师思考着，设计着，收集相关资料，逐一完善项目设计，写了计划、申请书、教案等。最终完成了美术四年级“技能类模块课程开发”项目——“走近民间彩塑　传承车城文化”——项目申请书的撰写。

通过梳理，在此份项目申请书中，教师从“传统资源”“地域资源”“校本资源”“学生情况”“课程标准”五个方面列出“选材背景与意义”，并据此有层次地确立模块学习的总目标与各课的分层目标，并根据学习目标制定学习内容、活动设计，以及评价标准、方式。以“选材背景与意义”为示范：

选材背景与意义

(1) 传统资源

民间彩塑艺术是我们中国传统文化的传承，也是多册美术教材中必有的内容，有许多值得挖掘的内涵。

(2) 地域资源

我校地处上海西部的安亭汽车城，有大众汽车厂、汽车博览中心等适合学生实践活动探究的资源。学校以“响应儿童需要，享受教育生活”为办学理念，学校领导对课程变革、开发十分支持。

(3) 校本资源

我校已有一些与“车城文化”相关的校本教材、校本课程，与美术学习结合后，一定会有更多创新的内容。

(4) 学生情况

我校学生来自各地，能力参差不齐，对我们中国的民间传统艺术接触很少，但对超轻土捏塑兴趣颇高。

(5) 课程标准

《义务教育美术课程标准(2011 年版)》指出，“面向全体学生”“激发学生学习兴趣”“关注文化与生活”“注重创新精神”是课程的基本理念。[①]《新版课程标

① 中华人民共和国教育部. 义务教育美术课程标准(2011 年版)[S]北京：北京师范大学出版社，2012：2—3.

准解析与教学指导：美术》则向我们指出，“雕塑是美术课程的主要内容”，“要重视优秀的中国传统美术和民族民间美术，弘扬优秀民族文化”。它还对四年级美术中的泥塑学习提出了相关指导，如在“造型・表现”领域，提出了“用易于加工的塑造材料，制作简单的立体或半立体造型”这样的学习建议，在“设计・应用”领域提出“用手绘草图或立体制作的方法表现设计构想”，在“欣赏・评述”领域则提出“欣赏符合学生认知水平的中外美术作品”，要求学生“主动收集我国民族、民间美术作品或图片，知道2种或2种以上的中国民间美术种类的主要特点及作品寓意”，等等。[①] 用超轻土捏塑设计有主题的立体作品，是立足于课标的。

（三）项目方案设计与撰写

以“走近民间彩塑　传承车城文化”项目设计为例，阐述项目方案的设计与撰写。

方案设计时，教师循着“民间彩塑知多少”这条主线，来安排欣赏交流、观察比较、自学指导、尝试合作等教学环节，立足于“学生主体”，在学生原有经验以及兴趣的基础上，进行传承民间艺术的教学和创新意识的渗透。

在项目中的“吉祥小泥玩”一课中，在“课前好时光”中安排学生带着问题进行欣赏，欣赏老师事先收集的，配有一定简洁文字的，诸如鸟哨、叫狮等中国各地的彩塑玩具资料，以大量色彩艳丽的民间彩塑给予学生视觉刺激，丰富眼界。随后在“民间彩塑知多少”环节中让学生交流所见所闻，并引出彩塑泥玩所独具

① 尹少淳，段鹏. 新版课程标准解析与教学指导：美术[M]. 北京：北京师范大学出版社，2012：62，66，92，38.

的吉祥寓意；而针对河南淮阳的“鸟哨”、陕西凤翔的“小马”，通过图片比较观察，学生在教师的帮助下很快地从造型色彩方面得出“概括”“夸张”“变形”“对比”等美术术语，进一步了解了民间彩塑在造型、色彩方面的特点，以及纹饰吉祥的寓意；教师在仿制指导后放手让学生自学，通过看步骤图，学生进行讨论交流，交流过程，交流方法，交流可能遇到的问题。过后教师通过反馈再针对“整体捏塑主体”中的重点技能“整体捏塑法”，进行师生互动的示范，帮助学生了解“整体捏塑法”所包含的泥工技法。作业时，要求以小组为单位，分头制作“斗兽棋”“飞行棋”棋子，最后组合成套，这里就有求同与求异的关系。

这部分主题试图抓住“新”字来设计，整个单元不同于以往的传统彩塑课，即用黏土塑形，再阴干彩绘，而是选择“超轻土”这种新材料，仿照民间彩塑的特点进行彩塑。设计的内容以及作业形式、作品呈现亦体现“新”字，如“走近民间彩塑　传承车城文化”中“吉祥小泥玩”“捏捏小泥人”“我设计的吉祥物”这三个内容，技能涉及整体捏塑法和分体组合法，先捏塑动物形象，再捏塑人物形象、卡通形象，具有层递性。每课都有一个小主题，“吉祥小泥玩”的主题是“我们的游戏棋”，“捏捏小泥人”的主题是“快乐一大家”，“我设计的吉祥物”的主题则是“车城吉祥物”。其中，“我们的游戏棋”“快乐一大家”都是集体作业，个人捏塑的作品既能当摆设，又能通过小组组合起来成为课间游戏时使用的飞行棋、斗兽棋；“车城吉祥物”则是综合与拓展的内容。作业要求由仿制创意到组合创意、设计创意，由传统的“民俗风”到“现代风”，将创意与传统整合。

二、体现深度整合的项目实施路径

“课程统整”是目前体现在我们教育教学行为中的新理念，它指将学校课程中相关的、相近的课程及学习领域进行整合，通过加强各学习领域及各科目间的联系，实现学科内、学科间的相互连接。为此，我们应立足以学生发展为本，加强美术学科自身发展，以及美术与其他学科间的深度整合，设计能体现综合能力培养的美术项目学习活动，尤其注意学生的实践精神、传承与创新能力的体现。

（一）理念引领，美术项目学习实施的法宝

表6-1　“走进民间彩塑 传承车城文化”项目学习模块研究实施前后内容对比表

<table>
<tr><th colspan="3">四年级原教材内容</th><th colspan="6">四年级综合课程项目学习(美术模块)内容</th></tr>
<tr><th colspan="2">课题</th><th>知识点
与技能</th><th colspan="3">课题</th><th>知识点
与技能</th><th>其他任务</th><th>阶段</th></tr>
<tr><td rowspan="3">上册</td><td>9.《学做画像砖》</td><td>浮雕(旧知)
画像砖知识
泥板擀制、切割、点线叠贴</td><td rowspan="3">上学期：走近民间彩塑创意车城文化(一)</td><td>动物</td><td>《吉祥小泥玩——我们的游戏棋》
2课时</td><td>吉祥寓意
民间彩塑色彩
简化夸张特征
整体捏塑
点线叠贴</td><td rowspan="3">学习单
1. 每课课后完成学习单上的评价等栏目
2. 课前完成学习单上“传统泥塑”资料收集
3. 完成学习单上草图设计；绘制“车城吉祥物”</td><td>摹</td></tr>
<tr><td>10.《泥板塑人物》</td><td>圆雕
泥板擀制、切割、弯折</td><td>人物</td><td>《捏捏小泥人——快乐一大家》
3课时</td><td>吉祥寓意
民间彩塑色彩
分部捏塑
工具使用</td><td>仿</td></tr>
<tr><td>11.《我们的吉祥物》</td><td>圆雕
民间彩塑色彩
简化夸张特征
整体捏塑
点线叠贴</td><td>卡通</td><td>《我设计的吉祥物——安亭车城吉祥物海选会》
3课时</td><td>设计草图绘制
整体捏塑
分部捏塑</td><td>创</td></tr>
</table>

续　表

<table>
<tr><th colspan="3">四年级原教材内容</th><th colspan="6">四年级综合课程项目学习(美术模块)内容</th></tr>
<tr><th colspan="2">课题</th><th>知识点
与技能</th><th colspan="3">课题</th><th>知识点
与技能</th><th>其他任务</th><th>阶段</th></tr>
<tr><td rowspan="3">下册</td><td>13.《古代编钟》</td><td>圆雕
青铜编钟知识
泥板擀制、切割、弯折、点线叠贴、压刻</td><td rowspan="3">下学期：走近民间彩塑创意车城文化(二)</td><td rowspan="3">建筑与树石小景</td><td>小组主题探究：
《寻找家乡的美》
2课时</td><td>小组分工
摄影、绘画
上网收集
短文撰写
小报绘制或PPT</td><td rowspan="3">探究表
1. 课上分组分工，定问题，填写探究方案
2. 课后完成探究资料、草图等
3. 每课课前分组汇报探究情况
4. 每课课后分组填写探究表后的评价</td><td rowspan="3">创</td></tr>
<tr><td>14.《青铜古鼎》</td><td>圆雕
青铜鼎知识
泥板塑形、团窝、拼接</td><td>小组合作主题创作：
《家乡的黑瓦白墙——老街印象》
4课时</td><td>徽派建筑特点
绘制设计草图或制作平面图
泥板塑形
辅材加工包裹
点线叠加、压印花纹混色法</td></tr>
<tr><td>15.《学塑兵马俑》</td><td>圆雕
兵马俑知识
分部捏塑、点线叠贴、压刻</td><td>绘制适合纹样：
《中国味的花格窗——窗棂中的图案》
2课时</td><td>窗棂寓意
图案知识(四方连续)
超轻土上绘制</td></tr>
</table>

基于项目的学习，对学生来说就是参与一个长期的学习任务，学生需经历选定项目、制定计划、活动探究、作品制作、成果展示、活动评价等一系列学习活动。它是一种以问题驱动来组织学习、开展探究活动的学习；是一种需要师生、学生间合作讨论后得出最终作品的学习；是一种关注多学科交叉的知识的学习；是一种需要借助多种资源支持的新型学习模式。在实施中，需要用到两大“法宝”。

1. 基于课程统整的理念

据前文所述，根据“课程统整”这一理念，笔者对比了四年级美术(上教版)

原教材与项目学习的课程内容与课程时序安排，从本项目学习实施前后内容对比表可知，分上、下部分的项目学习活动，主要内容是运用超轻土捏塑设计有主题的圆雕作品，属泥塑技能学习。学习过程由动物形象、人物形象，到卡通形象、建筑模型或车模的捏塑，前两者是“摹”，是传统的，后两者是“创”，是现代的，是创新的；这些作品的大小也逐渐由“寸许”到“大型”；作业形式由个人作业，到小组合作，再到班级创作等，“我设计的吉祥物”“捏塑汽车模型”是个人作业，“中国味的花格窗”“吉祥小泥玩”“寻找家乡的美”是小组合作，“捏捏小泥人”“家乡的黑瓦白墙——老街印象”则属于班级主题创作。

表 6－2　四年级综合课程美术项目学习“走进民间彩塑　传承车城文化”模块学习单

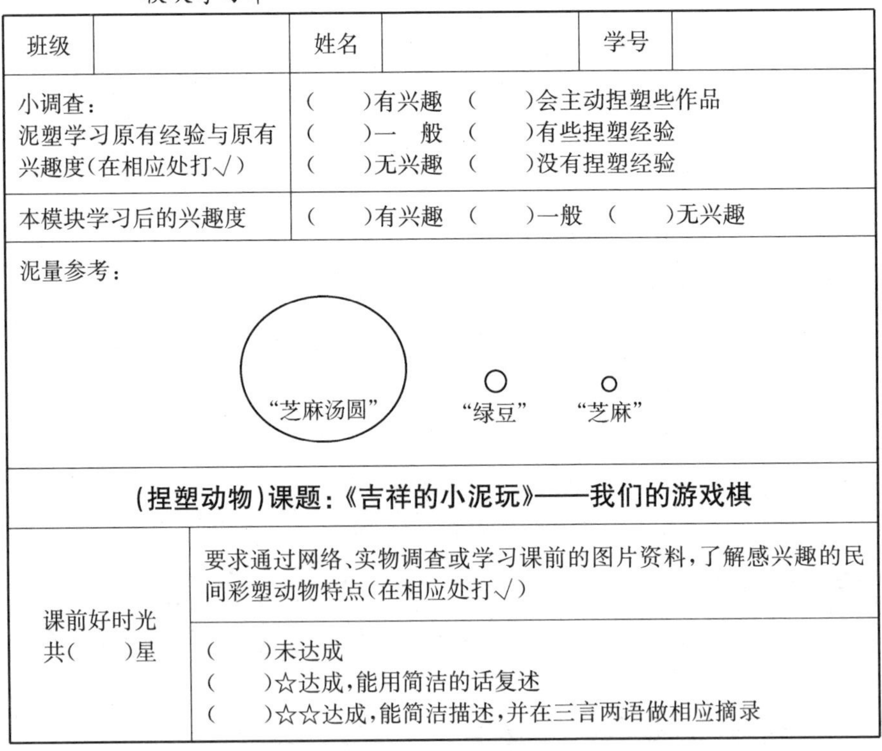

<table>
<tr><td>班级</td><td></td><td>姓名</td><td></td><td>学号</td><td></td></tr>
<tr><td colspan="2">小调查：
泥塑学习原有经验与原有兴趣度（在相应处打√）</td><td colspan="4">（　　）有兴趣　（　　）会主动捏塑些作品
（　　）一　般　（　　）有些捏塑经验
（　　）无兴趣　（　　）没有捏塑经验</td></tr>
<tr><td colspan="2">本模块学习后的兴趣度</td><td colspan="4">（　　）有兴趣　（　　）一般　（　　）无兴趣</td></tr>
<tr><td colspan="6">泥量参考：
“芝麻汤圆”　“绿豆”　“芝麻”</td></tr>
<tr><td colspan="6">（捏塑动物）课题：《吉祥的小泥玩》——我们的游戏棋</td></tr>
<tr><td rowspan="2">课前好时光
共（　　）星</td><td colspan="5">要求通过网络、实物调查或学习课前的图片资料，了解感兴趣的民间彩塑动物特点（在相应处打√）</td></tr>
<tr><td colspan="5">（　　）未达成
（　　）☆达成，能用简洁的话复述
（　　）☆☆达成，能简洁描述，并在三言两语做相应摘录</td></tr>
</table>

续　表

三言两语：	可附页
比较观察 共(　　)星	(　　)未达成 (　　)☆理解 PPT 中泥鸟哨的圆满美好的寓意 (　　)☆找出泥马造型中的夸张与简化 (　　)☆以泥鸟哨与泥马为例，说出中国民间彩塑的主要色彩：________

我们还会发现，本项目学习活动自身也试图体现基于课程统整这一理念，如"我设计的吉祥物""中国味的花格窗""家乡的黑瓦白墙——老街印象"这三课都安排了"欣赏分析和归类比较"环节，以"上海地铁吉祥物畅畅诞生记"引出不同类别吉祥物赏析，家乡老街仿徽派的建筑赏析和窗棂文化赏析；都有"用手绘草图及立体制作的方法表现设计构想"的环节，即"车城吉祥物草图设计与立体捏塑"，"黑瓦白墙草图设计与大型模型捏塑"，既有观察，又有绘画、泥塑，这是美术学科内部的统整。

"我设计的吉祥物""寻找家乡的美"等课中还利用"学习单""探究表"，让学生进行上网收集相关资料和小组主题探究，并以小报、摄影、PPT 等形式呈现，这不仅运用到美术学科的本领，还涉及信息技术、语文写话；而"家乡的黑瓦白墙"中，学生制作时运用的墙面测量与平面图绘制等技能，则与数学相关。这就是学科间的统整。

2. 基于学科核心素养的理念

"图像识别""审美判断""创意实践"是 2016 年尹少淳教授对美术学科核心素养描述的部分关键词。据此我区美术教研提出美术学习要体现"美感""创意""人文追求"，这也成为本美术项目学习活动设计中试图挖掘的点，如让学生感悟民间彩塑的"民间色"、赏析窗棂文化中的图案等，从而渗透"美感"教育。“我设计的吉祥物”是为安亭车城设计吉祥物；“家乡的黑瓦白墙——老街印象”是运用辅材包裹，以泥板塑形法表现老街印象，都渗透了“创意”“人文”的内容。

“走进民间彩塑　传承车城文化”（下）探究报告

一、制定探究计划

我们打算探究的问题：（选一个或自定）

1.（　　）老房子的屋顶　　2.（　　）老房子的门窗

3.（　　）老房子的马头墙　　4.（　　）老街上的牌楼

5.（　　）老街上的吉祥纹样　　6.（　　）老房子的瓦当

7. 其他（　　）：________

如何分工合作：（学习小组协商）

提示：如，王同学负责上网收集安亭老街上的严泗桥，摘录

组长________________________________

组员 2________________________________

组员 3________________________________

组员 4________________________________

二、记录探究活动

探究成果提示：

- 探究成果附于计划之后，自行保管在美术成长册。
- 探究成果要多样化。
  根据组员的不同才能，可采用写短文、摄影、小报（含手抄报）等形式。
- 探究内容要精练，一页纸即可，便于“课前好时光”分享，展示探究成果。

三、探究活动分享与评价

表6-3 评价表

评价内容	自评等级	伙伴点赞(等第)					
分工合理	☆☆☆☆☆						
组员达成	☆☆☆☆☆						
成果多样	☆☆☆☆☆						
乐于分享	☆☆☆☆☆						

“学生发展核心素养”，是指学生应具备的、能够适应终身发展和社会发展需要的必备品格和关键能力，包括审美情趣、学会学习、实践创新等九大素养。本单元课程设计时就十分重视学习能力的培养，如上学期采用“课前调查表”进行资料收集，下学期“家乡的黑瓦白墙——老街印象”等课程则利用“探究表”进行分组分工，让学生带着预先设计的探究问题进行小组探究，课上再与老师收集提供的资料结合，从而培养学生主动学习、合作、交往等方面能力。指向“学创作”的“我设计的吉祥物”及“家乡的黑瓦白墙——老街印象”则增加了“手绘草图、平面图”的环节，如“我设计的吉祥物”一课先让学生欣赏上海地铁吉祥物“畅畅”的形象，猜用途，细分析，然后教师以“畅畅诞生记——海选会”这样的漫画故事，向同学提出设计捏塑前可画手绘草图，使捏塑起来更为有的放矢。教师在教学捏塑方法时采用带着问题小组自学的方式，并根据学生提出的捏塑难点以及可能发生的问题，用“制作技法微视频”“学生示范”“出主意解决问题”等来突破难点，从而培养学生绘制草图、小组自学、发现问题、解决问题及反思的能力。

表 6-4　2018 学年第二学期四年级综合课程改革实施课程表

周次	班级	课程	教师	周次	班级	课程	教师
第12周	四(1)	游泳	外聘+张柳青	第13周	四(1)	游泳	外聘+张柳青
	四(2)	走进民间彩塑	沈吟春		四(2)	力	张特榕
	四(3)	力	张特榕		四(3)	趣味口风琴	刘晓艺
	四(4)	木制小车	卞玉琴		四(4)	书法	孙倩云
	四(5)	书法	邢春霞		四(5)	走进民间彩塑	沈吟春
	四(6)	趣味口风琴	刘晓艺		四(6)	木制小车	卞玉琴
	四(7)	游泳	外聘+徐立清		四(7)	游泳	外聘+徐立清
第14周	四(1)	力	张特榕	第15周	四(1)	走进民间彩塑	沈吟春
	四(2)	游泳	外聘+张柳青		四(2)	游泳	外聘+张柳青
	四(3)	书法	丁彪		四(3)	木制小车	卞玉琴
	四(4)	走进民间彩塑	沈吟春		四(4)	力	陈豪
	四(5)	木制小车	卞玉琴		四(5)	趣味口风琴	刘晓艺
	四(6)	游泳	外聘+徐立清		四(6)	游泳	外聘+徐立清
	四(7)	趣味口风琴	刘晓艺		四(7)	书法	陶海莉
第16周	四(1)	书法	刘丹	第17周	四(1)	趣味口风琴	李镜
	四(2)	趣味口风琴	刘晓艺		四(2)	木制小车	卞玉琴
	四(3)	走进民间彩塑	沈吟春		四(3)	游泳	外聘+张柳青
	四(4)	游泳	外聘+徐立清		四(4)	游泳	外聘+徐立清
	四(5)	游泳	外聘+张柳青		四(5)	游泳	外聘+张柳青
	四(6)	力	陈豪		四(6)	走进民间彩塑	沈吟春
	四(7)	木制小车	卞玉琴		四(7)	力	陈豪
第18周	四(1)	木制小车	卞玉琴	备注：			
	四(2)	书法	朱丽萍	1. 课程实施时间：周一、二、四、五下午第一、二节课			
	四(3)	游泳	外聘+徐立清	2. 游泳下午 1:10 乘车前往游泳馆			

续　表

周次	班级	课程	教师	周次	班级	课程	教师
	四(4)	趣味口风琴	刘晓艺				
	四(5)	力	陈豪				
	四(6)	书法	周代兵				
	四(7)	走进民间彩塑	沈吟春				

（二）时空调整，美术项目学习的“长”“短”组合拳

1. 时序统筹，变“短”为“长”

“走进民间彩塑　传承车城文化”属于四年级课程综合改革项目中美术版块。自2014年起，我校开始尝试课程综合改革，大胆改变原有课程设置：上午安排基础型课程，下午落实技艺类课程的整合实施。如2018学年第二学期四年级综合课程改革实施课程表所示，课程改革涉及七个班、六门技艺学科。四年级七个班级首先进行变“短”为“长”的改革尝试，即设置每班周课时为8课时，七个班级滚动轮换所学项目，各项目教师轮流走班，进行为期一周的某项技能集中教学。待七个班级完成集中训练后，恢复原课表进行补足、巩固、强化。同时，我们还打破了原有各班固定执教的形式，除所涉及我校项目教师外，还会聘请专家开展以年级为单位的活动，如综合活动“走进民间彩塑　传承车城文化”曾安排过艺术讲堂，由区教研员戴春莉老师上了节“清明上河图”的欣赏课，为后续的作品制作及布展给予学生启发。

2. 打破时空格局，走出教室，走出校园

“拳不离手，曲不离口”，以及冯忠良将动作技能学习阶段划分为“定向、模仿、整合、熟练”，揭示的是技能学习的要领——练习是学生技能形成的基本途径。为此，我们在项目学习中变“短”为“长”的集中学习后，实行我校美术学科

“两课连上”与“单双周轮换”机制，变“长”为“短”，并利用“课前好时光”进行技能“周周练”。当然这不等同于机械重复，它是有目的、有组织、有指导的活动，是不断改进、逐步熟练完善的重复过程。

另外，我们还结合校本课程，走出教室，走出校园，打破时空格局，“大小课”结合，即小课中穿插大课。如“高雅艺术”“创意汽车城”等社会实践活动，以年级组为单位，在统一的时段，邀请专家、外聘教师等，组织各类参观等活动。例如，我校师生结合综合活动，与雅昌艺术中心老师一起，在我校圆梦广场举办“流动美术馆走进安亭小学”的观画展活动，还举办讲座，集体上大课，学色彩绘画知识；利用安亭汽车博览中心的资源，在综合课改时的一天下午，各班轮流听讲解、参观并写生汽车等。这些活动都为学生作品制作、布展做好预先积累工作。

结合前文所述，“走近民间彩塑　传承车城文化”这一项目学习主题的确立，其实就是活动前经学生小调查投票得出的（选“泥塑学习”票数最多），而其后的小组合作探究、制作均采用先分组讨论，再定计划的方式，其中包含分工、预设问题、绘制草图等内容。如“家乡的黑瓦白墙——老街印象”就在课前让学生从“老房子的屋顶”“老房子的门窗”“老街上的牌楼”“老街上的吉祥纹样”等六个方面，游老街，拍照片，查资料，分组完成课前“预学习”，并以小报、短文、PPT 等形式展示成果，寻找、分享家乡的美。再如最后的成果展示环节，师生将两人合作完成的老房子、塔亭以及配饰等，进行全班范围的组合布展，最终的作品《家乡的黑瓦白墙——老街印象》成为了犹如《清明上河图》般的长卷。

图 6-1　四(3)班作品汇总展示

作为“吃螃蟹第一人”，我们在合作中探索，在实践中反思。通过打破各学科固有的课时安排，“乾坤大挪移”般地进行时序调整，兼有“长短课”“大小课”，学生的技艺学习变得更为灵动。课改实施中教师虽辛苦，但成果却颇受学生喜欢。师生都从中受益匪浅，学生不仅激起了学习兴趣，也提升了学力；教师研读课标教材、开展课程设计的能力也得到了提高。

项目学习的实践研究，向我们传递的理念是基于课标的课程统整。美育课堂的重要目的是对学生学科核心素养及综合性的可持续学习能力的培养。教师不能为统整而统整，而是要基于课标，从学情出发，联系学生的实际，立足学科与现有资源进行梳理，有效统整，从而实现从“知识传递型”向“问题解决型”的转变。

三、促进美术鉴赏力发展的项目评价

在小学美术学科中，“鉴赏”一词包含“鉴”与“赏”两层含义。根据《上海市

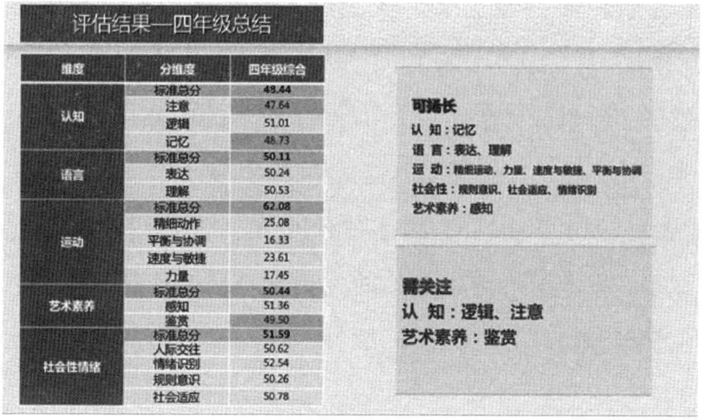

评估结果—四年级总结

维度	分维度	四年级综合
认知	标准总分	48.44
	注意	47.64
	逻辑	51.01
	记忆	48.73
语言	标准总分	50.11
	表达	50.24
	理解	50.53
运动	标准总分	62.08
	精细动作	25.08
	平衡与协调	16.33
	速度与敏捷	23.61
	力量	17.45
艺术素养	标准总分	50.44
	感知	51.36
	鉴赏	49.50
社会性情绪	标准总分	51.59
	人际交往	50.62
	情绪识别	52.54
	规则意识	50.26
	社会适应	50.78

可扬长
认 知：记忆
语 言：表达、理解
运 动：精细运动、力量、速度与敏捷、平衡与协调
社会性：规则意识、社会适应、情绪识别
艺术素养：感知

需关注
认 知：逻辑、注意
艺术素养：鉴赏

图 6-2 评估结果图

中小学美术课程标准》(2004年版)中三至五年级的阶段目标，我们提出了“赏”的标准与要求，以及对于“鉴”的方法引导。“我的奇幻航海之旅”这一主题项目就是美术学科项目学习中，就如何借评价来促进儿童鉴赏力发展所做的一番探索。

（一）基于问题出发的评价项目设计

1. 发现问题

2016年11月，第三方儿童发展评估团队对当时我校四年级，八个班级的344名学生进行了思来氏幼儿发展测试(PCDP)。学习素养测试结果显示，艺术素养评估项目中艺术感知得分高于平均分，而鉴赏水平得分却低于平均分，说明学生在艺术鉴赏这一领域内存在着问题。

2. 反思问题

(1) 我们课堂中的“鉴赏”

报告显示，艺术素养评估项目中我校学生的鉴赏部分需要得到关注。“鉴赏”在字典中的解释为对文物、艺术品的鉴定和欣赏，“鉴赏”对小学美术而言，同样包含有“鉴”与“赏”两层含义。再细读《上海市中小学美术课程标准》和《上海市小学美术学科教学基本要求》关于“欣赏评述”的目标及三至五年级的阶段要求，我们发现年段目标要求学生“了解若干著名的中外传统及现代经典的美术作品，基本表达自己的审美感受”，这是从“知识与技能”方面对“赏”的标准与要求所作的表述，要求学生理解“描述”“分析”的方法，而在“过程与方法”方面则提出了“懂得欣赏和评价美术作品的方法”的要求，这是对于“鉴”的方法引导，要求学生知道“解释”“评价”的方法。①

---

① 上海市教育委员会教学研究室. 上海市小学美术学科教学基本要求[M]. 上海：上海书画出版社，2018：1，52，54.

根据课程标准，我们平时在课堂中，对于“鉴赏”部分的教学是根据课本的教学知识点来欣赏书本及影像中的名家名作而展开的，方法一般为教师讲述、师生互动交流。在美术课堂中，这一部分内容已经得到落实，那为什么综合素养测试中还出现学生的鉴赏水平相对落后的状态呢？是不是学生在欣赏学习过程中的积极性不够高？是不是单纯的美术课堂中的影像观察欣赏，还不够影响、启发孩子们主动欣赏理解呢？是时候开始一些改变了，教师需要一些评价的数据和依据给课堂进行一次变革活动，但这样的变革活动如何检测教学效果与预测教学目的的实现情况呢？最有效的就是加强美术的教学评价。

（2）预设课堂评价路径

第一，运用成长记录袋评价。学生可以记录作品构思的过程，存放积累收集的素材，教师可以全方面地观测到学生对各个单元知识点的掌握程度。

第二，针对“鉴赏”部分中美术家、美术作品的相关知识，利用笔试与口试的方式进行检测。检测的同时也是温故知新的过程。

第三，针对教学目标的评价。根据学生完成的美术作业，进行生生互评，学生本身是评价者也是被评价者，教师观测学生在评价过程中是否能根据课堂的知识内容与要求来评价同伴的作品、表述自己的理解与观点，观测学生的鉴赏角度以及对学习知识点的掌握程度，同时，教师的教学目标是否得以达成也可以得到观测。

第四，课堂生成性评价。通过学生的评价与作品呈现，教师可以了解学生的语言表述、情感表现，从而做出评价，帮助学生了解自我。

第五，表现性评价。成立“安小画苑”展示中心，提供更多的作品展示机会，激发学生的创作积极性，在班级中得到高评价的作品参加“安小画苑”展示活动。成立“安小鉴赏家”组委会，对于能客观、公正、多角度赏析美术作品的学生，提供表现、表达的机会。

根据以上的评价途径的设想，教师在收到“航海博物馆”的关于航海主题的比赛通知时，决定对三年级进行“航海”主题画单元评价课程，全员参与，进行海选。

（二）基于整合出发的评价项目设计

1. 分析比赛主题

“比赛要求：主题突出，围绕‘我的奇幻航海之旅’进行创作，画种不限，内容须积极向上，可充分发挥想象力。”在这份要求中，我们看到的重点是主题“我的奇幻航海之旅”，根据“奇幻”一词看出这应属于小学美术学科中的主题想象画，“画种不限”，说明可以有多种表现形式。于是教师决定先从《上海市中小学美术课程标准》中找到三年级学生美术学科的定位与要求，以便系统地开展课程并且不影响以后的课时任务。

2. 研读课程标准

表6－5　课程目的规划表

知识与技能	了解若干著名的中外传统及现代经典的美术作品
过程与方法	结合生活和已有的知识经验进行简单的造型表现、设计与创造，懂得欣赏和评价美术作品的方法
小学教学基本要求	初步学会构思创作
本单元主要教学内容	用“我的奇幻航海之旅”为主题进行创作
单元主旨	培养运用比赛主题进行构思创作的能力

根据课程标准要求学生初步学会构思创作，结合生活和已有的知识经验，进行简单的造型表现、设计与创作。所以在这里要明确：第一，三年级下学期我们课堂中曾经出现的大师有马蒂斯、梵高，在这次活动中可以继续欣赏画家作品中的构图与色彩表现；第二，思考三年级学生的构思创作的已有经验，现在应

学到什么程度，接下来学什么；第三，“结合生活经验”的要求，是需要学生通过积累与探究的方式去记录生活素材。

3. 学生情况分析

本单元的学习主体是小学三年级第二学期的学生，从学习经验而言，通过小学一、二年级及三年级上学期的学习，学生已初步学会运用线条造型，在一年级曾画过交通工具，其中就有船；已初步学会色彩的表现方法，欣赏过马蒂斯、梵高、莫迪里阿尼等画家作品；在二年级曾有借形联想的经历，奇幻的联想的表现也达到一定水平；一、二年级时有主题绘画单元“牙蛀了”，学生初步尝试过主题构思，能搜集素材进行有主题的联想和想象。

4. 分析可用资源

（1）课堂学习资源

航海的信息图像资料：根据大赛组委会提供的方法，有一部分学生可先行参观航海博物馆，这部分学生通过参观后可以带回图像资料，美术教室有平板电脑，信息图像可在平板电脑中储存，供欣赏。

美术成长记录册：学生的创作构思过程可记录其中。

（2）课堂评价资源

学校有“安小画苑”区域，可供学生进行作品展示。学校有校园网络支持，可用平板电脑提供网络评价支持。

5. 确立项目主题

教材：根据比赛主题自编课程。

学期：三年级第二学期。

名称：我的奇幻航海之旅。

类别：美术语言单元。

课时：4 课时。

6. 学习目标

表 6-6　学习目标规划表

知识与技能	搜集并挑选关于“航海”的素材
	确定画面主要表现形象、背景和表现形式
	根据构思，选择适合的工具与材料，表现画面的效果
人文内涵	感受人类征服海洋的漫长历程
审美导向	体验画面中的创意表现的形式美

7. 具体评价方式

（1）课堂评价

① 通过每次活动作业展示评价明确自己的学习内容。在每次活动中，根据目标，制定学习要求，通过交流讨论进行知识学习反馈性评价，例如：构图的要求、色彩的要求、线条的要求等。

② 表格星级评价，每次活动记录了解自己的长处与不足。

（2）学生评价

① 自评。学生提前思考：如何向观展者表达自己的想法，如何装裱自己的作品使它看起来更棒？最后一节课请全体三年级学生整理自己的作品，写好创意文字说明，装裱作品并编号，在“安小画苑”布置画展。

表 6-7　星级评价表

要求	创意构思 ☆☆☆	备注 ✏	造型表现 ☆☆☆	备注 ✏	色彩运用 ☆☆☆	备注 ✏
素材收集						
欣赏表达						
工具使用						
合作交流						
卫生习惯						

② 互评，评价别人的作品。根据大赛评价要求，做小小鉴赏家，运用平板电脑记录、笔头记录、语言表述等形式评价同伴的作品，鼓励多视角的评价。

③ 教师评价。一是评价观展者。如何让学生做一个文明的观展者？我们特意在开展前播放了上海玻璃博物馆的“折翼的天使”这起新闻事件，倡导学生做一名文明的观展者。二是评价学生的美术素养。平时我们做学生的美术综合素养评价很难，有的学校是通过一次考试来评价，有的是通过画一张画来评价，而我们这次对全年级画作品、评作品、赏作品整个过程进行评价，可以更全面地评测学生的美术学科素养。笔者通过整个学习过程和评价过程，发现了很多孩子的特点，加强了师生之间的交流，同时也找到了自己教学中的不足。

综上所述，在这次项目学习活动中，首先是全年级学生根据主题内容进行学习、绘画表现，接着是全班学生根据评价标准推荐班级小画家参加“安小画苑”作品展，再是全年级学生当评委，根据标准在参展的200多幅作品中选出20幅作品，和比赛专家组选择的20幅作品作比对，最后是邀请获奖者与鉴赏达人的家长参观我们的画展，孩子们介绍自己的作品和创作意图，推荐者介绍了推荐理由。在评价上，根据学生完成的绘画作品和推荐表来考量学生的学习态度；根据是否参展、是否被推荐、是否获奖，考量学生的艺术表现水平；根据和专家组比对的结果，考量学生的鉴赏水平；根据现场参观画展的表现，考量学生的行为修养。该设计成为了学校融标准化评价与表现性评价为一体、融评价于教学，寓教于乐，汇核心素养于学科能力的范例。通过这次真实的评价记录过程，教师观测了三年级学生整体的美术核心素养表现，发现学生在美术鉴赏方面大有提升。

第七章

真实情境：自然课程的项目学习

自然课程的项目学习遵循技能学习的规律和方法，重新进行课时安排，将技能学习有效安排在一段时间内，让学习变得集中而有效。我们严格按照小学自然教学基本要求，基于学科核心素养，以真实项目为依托，整合重组内容，实施项目化学习。这样的学习方式让学生体验真实学习的快乐，在合作、探究、解决、解释问题的学习过程中提升学习品质。

我校四、五年级技能集中强化项目实施至今已有数年，在学校教导处统筹安排下，所有技艺类学科授课集中调整，遵循技能学习的规律和方法，重新进行课时安排，将技能学习有效安排在一段时间内，自然学科的学习也在其中，让学习变得集中而有效。这样的安排严格按照小学自然教学基本要求，基于学科核心素养，以真实项目为依托，整合重组内容，实施项目化学习。这样的学习方式让学生体验真实学习的快乐，在合作、探究、解决、解释问题的学习过程中提升学习品质。

一、基于真实问题解决的项目设计

项目学习的特点之一就是问题源于学生自己的真实问题。在我们的项目中，学生在学习、生活中遇到较难解决的、与自然学科相关的问题就是很好的项目素材。真实问题作为项目本身能让学生的学习更贴合实际，而不是脱离实际"空谈"，学生在此过程中学习解决问题的方法和技能，因此，在项目制定时"真实性"至关重要。在自然学科项目学习中我们关注学生知识的积累，技能的提高，更为重要的是学生综合能力在实际情况中的有效应用。下面以"水的净化"为例阐述如何进行源于真实问题解决的自然学科项目设计。

（一）项目设计原则与思路

"水的净化"项目设计时立足于学生生活的真实问题，立足于自然学科教学基本要求与五年级教材内容的统整，立足于学科内部、学科间的统整，立足于多方面资源的统整，立足于技能学习的规律及自然科学知识、技能的"传承"与教学内容形式的"创新"的统整，立足于学科核心素养与学生合作探究等"可持续发展学力”的培养。学生用一段相对集中的时间，整合有相关性的教学内容，进行有层级性的主题项目学习活动。

1. 集中学习，优化项目实施

我们从课堂教学实践发现，四、五年级的自然学科按照国家课程的设置是每周 2 课时，而学校排课时因为要协调各学科课时安排，所以 1 个班的 2 课时很难放在一起连续授课。短短 35 分钟的课堂，很难兼顾技能学习和知识学习，时常顾此失彼，学生的技能学习较知识学习就变得更弱，甚至最后沦为了“选修”内容。数年的教学研究发现，学科技能学习需要有持续的时间进行训练，因此相对集中的练习是有必要的，尤其是在工具使用、实验操作以及动手制作等方面。课时时间的安排、课程内容的编排等不尽合理处都使得自然学科的教师非常困惑，教师们在思考如何把自然学科变得让学生更为喜爱。

2. 源于真实，引发项目需求

“水的净化”这一自然学科项目就是根据学生实际与课程需要而尝试实施的项目化课程，学生在课程中不再是被动接受知识，而是在对项目了解的基础上，学习分析项目实施需求，从完成项目需求出发，主动获得所需元素，将科学知识、工具使用和作品制作统筹在一个相对集中的阶段进行连续学习。在实践中我们发现，学生的学习效率提高了。

3. 成果导向，提升项目内涵

工具使用及作品制作作为自然项目中的重要内容之一，它不仅可以帮助学生形成动手操作的能力、小组合作的能力，更可以与教学内容相结合，培养学生热爱劳动的意识。经过对教材的梳理，我们发现：从一年级到五年级，自然学科教材中都有工具使用及作品制作方面的内容。学生对制作类的项目特别感兴趣，制作一个物品就是解决一个真实的问题，因为每周课时安排的关系，完成这样的一个项目需要较长的周期，学生在课后执行力不一，最后效果并不是很理想。为此，我们根据“技能集中强化”项目的要求，针对“水污染”这一课重新安排内容，调整并联系实际加以整合，进行自然学科主题项目设计，以水污染出现的问题导入课堂，调动学生的学习积极性，也设法使自然课的作品与学生的生活联系起来。学生在身边问题、实际问题的驱动下开展小组合作学习，制作作品，达到净化水的目的。

（二）项目设计学习与准备

在学校领导和学科专家指导下，从学习模块项目的理念、头脑风暴式的讨论，到一对一的答辩、项目申报等，教师思考着，设计着，收集相关资料，逐一完善项目设计，写了计划、申请书、教案等。

为撰写五年级"技能类模块课程开发项目（自然）——'水的净化'"项目申请书，教师通过梳理，在此份项目申请书中，从"传统资源""地域资源""校本资源""学生情况""教学策略"五个方面列出"选材背景与意义"，并据此有层递地确立模块学习的总目标与各课时的分层目标，并根据学习目标制定学习内容、活动设计，以及评价标准、方式。

选材背景与意义

（1）传统资源

水是生命之源，是人类赖以生存和发展的重要资源之一。利用水资源的相关问题引入，更贴近学生实际。

（2）地域资源

我校地处上海西部的安亭汽车城，有大众汽车厂、汽车博览中心等适合学生实践探究的资源。学校以"响应儿童需要，享受教育生活"为办学理念，学校领导对课程变革、开发十分支持。

(3) 校本资源

我校已有一些与“车城文化”相关的校本教材、校本课程，与自然学科结合后可服务学科教学，一定会有更多创新的内容。

(4) 学生情况

我校地处安亭，学校前方的“安亭泾”水质较差，还有异味，学生对此十分有研究的兴趣，有对水进行净化研究的要求。

(5) 教学策略

可以采用丰富事实信息、增加直观体验、激发认知冲突、增强动手实践、扩大交流讨论等多种策略，有针对性地促进学生形成学科核心素养。

（三）项目方案设计与撰写

方案设计时，教师循着“如何将污水净化”这条主线，安排社会调查、观察比较、设计制作、尝试合作、数据分析等教学环节，立足于“学生主体”，在学生原有经验以及兴趣的基础上，进行自然科学教学和创新意识的渗透。

以“设计制作净水器”为例，教师在课前安排学生带着问题进入课堂：面对如此多的污水如何进行净化？污水中含有哪些杂质？需要哪些材料来去除这些杂质？课堂上，学生尝试用过滤和吸附的方式净化水，按照小组讨论得出的顺序进行净化，设计净水器的样子，并将净水器草图画出来，最后制作简易的净水器。

这部分主题试图抓住“创新”来设计，整个课时围绕净水器的外形和功能出发，让学生先知道净水器的净水原理，再设计净水器的外形。设计的内容以及作品形式、作品呈现亦体现“创新”，如“水的净化”中“研究不同材料的过滤效果和过滤效率”“设计并制作简易净水器”“净水器的测试与改进”这三个内容，要求学生学会使用简单工具、利用废旧材料制作等。

通过对教育教学热点的关注，以及对“项目”更具体的领会，我们发现贴近生活的项目化学习让学习真实发生，学生通过这样的项目学习把知识学习与技能学习主观整合，原来割裂的课堂教学也变得统一、有效。

二、体现能力提升的项目实施路径

（一）确立项目目标，强化实验探究能力

1. 剖析课程标准，加强实验探究意识

根据小学自然学科教学的基本要求，学生在自然科学学习过程中需要通过学习经历强化探究意识，提高创新能力。

在学习“电和磁”项目中，老师剖析项目问题，学生在经历提出问题、提出假设、选择材料、实验验证、解决问题这样的流程后对科学知识的理解有了更为清晰的认识，同时强化了科学探究的意识。在此项目中学生需要对通电线圈产生磁性有一个具体的认识，再探究改变电流、线圈、放入铁芯等条件后对磁性强弱的影响。在这个过程中，学生同时还需要学会对材料的选择，工具的使用，这也是学会探究的途径。

在实际探究中，学生将制作成的电磁铁进行吸引大头针的实验，有学生发现电磁铁吸引大头针数量有多有少。此时，老师顺着学生的疑问提示，学生仔细观察电磁铁装置，他们恍然大悟，原来大家选用的漆包线有的细，有的粗，所用的电池节数有多有少，电磁铁线圈圈数也不一样。问题答案找到后，又有学生提出：如果铁芯相同、新电池数量相同、绕制线圈圈数一致，磁性会一样吗？而当他们再一次进行实验后，发现第二次制作的电磁铁吸引大头针的数量仍然

不一样。再次探究分析，同学们发觉，电磁铁绕制的线圈疏密均匀不一样，才导致实验数据结果不一样。最后，老师组织学生第三次重新绕制电磁铁，实验后，由于学生绕制漆包线线圈圈数相同，因而电磁铁吸引大头针数量大致相同。学生在整个实验过程中，对材料的选择、电流的强度、线圈的密度等所进行的探究，无一不强化探究意识。

2. 明确研究目的，优化实验探究过程

学生在实验探究活动中，能通过元素之间的因果联系，设计实验、实施探究，在“玩中练、做中练”，经历从设计到探究学习的乐趣。在课程综合改革“力”项目中，学生通过假设、设计、制作、实验、再设计、再制作、再实验来改进形状、结构以及连接方式，从而提高物体的承重能力。学生在探究过程中，实验设计与操作能力得到了强化，体会到了科学探究的独特魅力。再如设计制作“纸承重结构模型”，学生先是观察、交流、讨论植物茎的作用，观察植物茎的结构与特点，再分工合作设计制作纸承重模型。有的小组设计成圆柱状，有的小组设计成三棱柱状，有的小组设计成六棱柱状。当学生设计制作完成后，在分享点评环节中，其他组的同学还能提出合理改进的意见。最后，将课堂延伸到课外，学生以小组为单位进行实验检测活动，比一比哪一小组的纸模型承重量最大。在测试环节完成后，学生进行纸承重作品反思，进一步改进自己的作品。学生通过设计、测试纸承量，发现承重量与材料的选择、作品的形状有密切的关系。这样一系列活动，真正让学生像工程师那样研究设计，有效优化了实验过程。

（二）重视项目设计，形成科学探究结论

“眼见为实，耳听为虚”，学生在探究的过程中，如何用事实说话，以实验数据佐证实验结论呢？以“身边的力”为例，学生发现学校周边有一所医院改址搬迁进行了重新建造，疑问“这样的建设能使医院建筑牢固吗”。出于这样的思考，在上课前老师布置了制作任务，要求学生尝试制作一个稳固的“建筑”。学

生根据教师的问题进行了课前调查和研究，在小组内合作、制作简单的“建筑”，在课堂中进行展示。显然，这样的小组合作学习是有成效的，但是学生制作的结构并不稳固，教师根据学生的调查和分析，从形状入手，组织他们使用小磁棒和小钢珠搭建三角形、四边形，比较两者谁更牢固，验证三角形更为稳固。学生利用三角形这样的特性，对制作的“建筑”重新设计、加工。

在此过程中，教师关注项目的设计，有结构有层次地推进项目式学习，给予学生更多试错的机会，在科学探究中推进项目。在制作好新的结构后，如何验证此结构比原来的更为稳固呢？学生提出了增重，在制作的结构上加上杠铃片，测试其承重能力，再发现其中存在的问题，如连接点牢固程度的问题等。基于这样的教学理念，教师让学生在课堂探究过程中，通过假设、设计、制作、实验、再设计、再制作、再实验来改进形状、结构以及连接方式提高模型的承重能力，让学生经历了多轮实验、修正的过程，在小组合作中，在教师指导下，形成较为全面的科学结论，也培养了学生严谨的科学精神。

（三）强化分享意识，培养学生合作能力

在项目实施过程中，我们遵循以学生为中心，以真实问题解决为导向，以项目式的学习为基础，以合作、探究为形式，以培养创新能力和实践能力为价值追求，强调学生合作能力的提升。比如“动物的力”中，老师带领学生探究鸟类的形态和结构，在比较北美红雀和鹭的喙部区别时，用木棍、架子、吸管等材料来建模，了解不同鸟喙的区别及它们的饮食区别。学生在了解蜂鸟生活习性、体态、迁徙、飞翔四个特点时，以小组为单位，选择适当的方式来介绍，有的小组画画，有的编故事，有的讲述，同学们不仅抓住了蜂鸟的各个特点，还学会了分享与合作，增强了表现力。因此，透过本项目的学习，我们不难发现，学生在学习过程中思考方式是不同的，表现形式也是不同的，学生通过分享自己的想法，形成思维碰撞，增强合作学习的意识。

再如，在“蜜蜂的翅膀”中，老师根据教材内容设置了拼图式合作学习的形式，把学生分成“科学中心”“艺术中心”“信息中心”“故事中心”四个“专家组”。各“专家组”按照相同的工作方式，不同的任务开展活动。“科学中心”通过阅读文章《蜜蜂的身体形态——胸部》《仿生翅膀，蜜蜂教你做得更好》，了解蜜蜂翅膀的外形、大小、“材质”、功能，并画出蜜蜂翅膀的形状，写出蜜蜂的功能，利用提供的材料制作蜜蜂翅膀模型。“艺术中心”通过阅读文章《蜜蜂靠什么产生振动，然后飞翔？》《蜜蜂飞行奇特的能力》，结合视频《高速拍摄下的蜜蜂飞行》，了解蜜蜂翅膀拍打次数、拍打幅度、翅膀转变方向产生的额外的力、翅膀拍打前后产生的不稳定的举升力、短距离翅膀拍打的敏捷度，以海报形式表现出蜜蜂翅膀飞行的特点。“故事中心”通过阅读《蜜蜂的飞行之谜》知道蜜蜂翅膀拍打的方式，以故事形式，以第一人称的手法或其他人称手法，阐明蜜蜂翅膀拍打方式（每秒拍打次数、幅度等）。“信息中心”通过问题查询搜索蜜蜂翅膀外形、翅膀拍打方式等特点，说出信息来源、依据、可靠程度。四个“专家组”，通过小组合作学习活动后，进行分享点评。“专家组”活动形式充分体现了以学生为本的教学模式，让学生体验不同的学习方式，分享自己学习的感受，寻找最适合自己的学习方式。

学生通过经历整个项目的探究过程，个人综合能力得到有效提高，这个过程不是简单的能力堆砌，更多的是将这些能力在解决实际问题中融会贯通，真正提升自己的学习品质。

三、促进自然核心素养落实的项目评价

（一）自然学科项目评价的意义

自然学科项目化学习的开展，既要充分体现学科的育人价值，也要充分关

注学生自身成长的需要，要将评价活动融合到学生学习过程之中，关注学生在学习过程中的发展和变化，除了“知识与技能”“过程与方法”维度，还要将自然学科特有的好奇、求实、责任等“情感、态度与价值观”维度也作为评价的内容。对学生学习的评价方法包括形成性评价和总结性评价，重点加强形成性评价。

项目评价不仅要关注学生最后的学习结果，更要关注学生在学习过程中的发展和变化，评价在这个过程中起到了至关重要的作用，在学习过程中可以保护学生的自尊心和自信心，同时还能不断激励学生努力学习。

1. 建立项目评价观，促进学生更好地学习

小学自然学科的项目评价遵循“全面性、公平性和发展性”的原则、定量与定性相结合的原则、静态与动态相统一的原则，以及评价主体多元化的原则。在学生科学探究和实践的两个主要学习过程中，开展过程性评价，关注学生在提出问题与作出假设、搜集证据、处理信息、解释问题、交流表达等活动中的能力表现。提倡通过自评、互评以及成长记录档案袋评价等多种评价形式，提升学生的自我评价能力，形成自我调控能力，使学生成为小学自然学科学习的服务者与受益者。

2. 完善项目评价框架，促进核心素养落实

小学自然学科的项目评价不应是只针对学习结果的评价，还应该是关注学习过程和学习态度的评价，关注个性特长的评价，要建立全面评价的框架。

自然学科在“知识与技能”维度的重要目标是让学生认识自然现象，形成科学观念，习得观察、实验等技能。对科学知识的评价着重考察学生对“生命世界”“物质科学”“地球与宇宙”“科学技术与社会”和“科学的历史”等基本知识的了解与认识，要注重学生对科学概念的理解与应用，而不是单纯记忆。对科学知识的评价要尽量融合在分析和解决实际问题的情境中，对科学技能的评价主要考查学生是否能善于正确运用感官和科学仪器去获得科学知识。

自然学科在“过程与方法”维度的重要目标是让学生体验科学过程，形成初步的科学探究能力，增进对科学探究的理解。对科学探究的评价着重于评价学生设计探究活动、选择和运用科学方法以及开展实验操作等方面的能力，具体评价学生能否从自然现象、事物中发现问题，有预见性地寻找现象、事物之间的联系；能否合理设计探究方案，选择并正确使用器材；能否从不同的侧面思考、解释现象与问题，正确表达探究过程与结果等。

对“情感、态度与价值观”维度的评价着重考查学生亲近自然的情感、学习科学的态度以及对科学的理解。具体可以通过观察学生对学习小学自然学科的兴趣程度以及对科学问题的好奇心和求知欲的状况：是否爱护动植物，能否初步形成与自然界和谐相处的生活态度；是否尊重科学，关心科学技术的发展；是否敢于依据客观事实提出自己的见解，能否听取与分析不同的意见，并根据科学事实修正自己的观点；是否在探究活动中认真探索，实事求是记录实验数据；是否初步养成了与人交流、分享与协作的习惯；是否具有社会责任感等。

如“力”单元中的“物体的形状与结构”对学生的评价就关注过程方法，情感、态度与价值观。具体的评价目标为：①知道物体的承重能力与其形状有关；②知道材料形状、结构不同，物体的抗压能力不同。

表 7-1　“物体的形状和结构”活动评价表

活动要求	等第标准		达成情况
	☆	☆☆	
分工合作	小组成员之间合理分工，设计稳固结构。	小组成员之间合理分工，设计稳固结构，并合作完成制作。	
活动经历	小组成员通过制作、设计、调整，找到稳固的形状与结构。	小组成员通过假设、设计、制作、测试、调整，找到稳固的形状与结构。	

（备注：达成相关活动要求的，在“达成情况”一栏内填入相应的星星数）

小组得到的星星数：________。（满星为 4 颗）

在本课中，评价点关注在学生活动经历和分工合作。活动中学生要根据评价标准对自己的活动经历进行打分，用规范的标准评判自己，同时根据自己分工合作的情况进行自我评价，学生通过评价规范学习行为，形成较为成熟的学习模式，提高课堂教学效率。

3. 优化项目评价方式，促进项目目标的全面达成

自然学科的项目评价要切合学科的特点和要求，主要以观察学生的学习过程为基础，充分关注课内与课外的学习活动，全面反映学生学习的实际表现和发展水平。学习评价主要围绕过程性行为表现的形成性评价与总结性的综合评价展开。要善于向学生分享学习的目标和需要实现的指标，让学生参与评价的过程，对自己的学习承担更多的责任并进行反思。

形成性评价的作用在于帮助学生了解学习活动的目的以及判断他们的目标达成度，以便指导学生更有效地学习。在评价过程中，要全面关注学生在学习兴趣、学习习惯、学业成果等方面的表现。具体可以通过观察学生在表现性任务、学习单记录、日常表现、交流访谈、成果展示、竞赛游戏等方面的具体情况，做出合理判断。如在“蜗牛”项目中可以观察在教师的引导下，学生观察身边动植物的意愿，以评价学生的探究兴趣；可以观察学生在他人的协助下，饲养蝌蚪、蜗牛等常见小动物的情况，以评价学生的种养习惯；可以观察学生在饲养蜗牛活动中，口头表达自己疑问的情况，以评价学生的提问习惯；可以观察学生在观察身边动物形态时的专注度，以评价学生的观察习惯；可以观察学生在口头表达蜗牛生长过程时的情况，以评价学生在科学概念方面的掌握情况；可以观察学生在探寻蜗牛食物时的情况，以评价学生在科学实践中的表现。

成果性评价结合评价表，专指项目成果。两种评价都有各有侧重，根据项目学习的特点规范使用两种评价，对学生的主动学习、合作学习、反思学习等维度进行较为全面的评价，为学生的再学习提供动力。

（二）自然学科项目评价策略

1. 制定评价目标，凸显发展功能

教师要明确学科评价是时代发展的需要，是学校的需要，更是学生发展的需要，学生在项目活动中需要有更多的自主性、合作性和反思性。因此，要树立评价目标以促进学生自主、合作、反思能力的形成。评价目标要以育人核心要求为基本导向，既要关注学生学科核心素养的培养要求，又要关注学生自身成长的需要。尤其要重视评价学生表现性目标的达成度，如在各种探究与实践活动中的参与度、态度和行为表现等。

如"水污染的处理"活动的评价设计，注重育人价值，在培养学生科学素养的同时，还在育人价值上做了大量的文章。

项目研究流程图

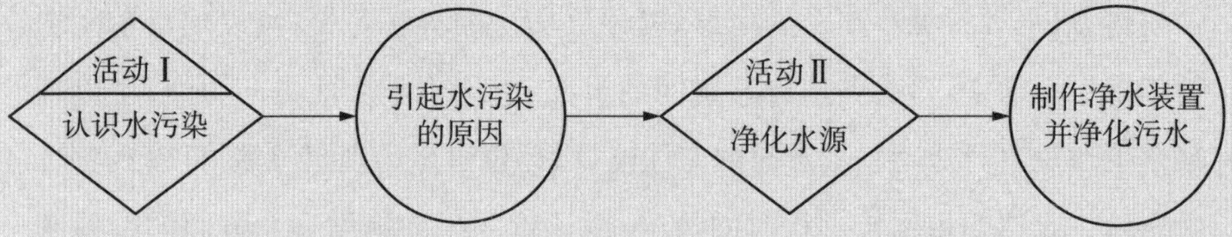

活动Ⅰ 认识水污染 → 引起水污染的原因 → 活动Ⅱ 净化水源 → 制作净水装置并净化污水

图 7－1　"水污染的处理"研究流程图

项目研究流程图说明

活动Ⅰ　认识水污染的主要原因和危害

通过多种途径让学生了解水污染的现状，引发学生思考：引起水污染的原因有哪些？通过课前小组的合作学习，分享交流引起水污染的原因，并通过视频和图片知晓水污染的危害。本活动是通过课前学生的阅读完成的，学生能够通过分享课前学习所得，加深对水污染的认识，为后续净水装置的制作与净化污水做铺垫。

活动Ⅱ　制作净水装置与净化污水

由于污水对人类的生产、生活有着极其大的影响，如何减少污水的量成为讨论的焦点，首先就是减少污水的产生，其次就是要将污水转变为净水。通过阅读材料，知道可以制作净水装置来净化污水，利用塑料瓶、石英砂、活动炭和纱布制作净水装置，再利用基本的净水步骤完成对污水的净化。通过本活动，学生知道如何净化水源，并提高环保意识，减少污水的产生。

项目实施主要步骤

第一：认识水污染的主要原因和危害。

第二：制作净水装置。

第三：净化污水。

活动过程

活动Ⅰ　认识水污染的主要原因和危害

表 7-2　活动与评价要点

学生活动	评价要点
1. 讨论、交流：上海自来水取水口搬迁的原因。	● 学生课前调查上海自来水取水口搬迁的资料，引发思考取水口搬迁原因。

续　表

学生活动	评价要点
2. 观看：观看造成水污染的视频资料。 3. 交流：造成水污染的主要原因有哪些？ 4. 阅读：阅读有关水污染危害的资料，并完成学习记录单。 5. 交流：交流水污染的危害。	• 组内交流生活中造成水污染的例子，然后通过视频资料的观看，对水污染形成原因有所认识，对组内情况进行评价，组长评价。 • 学生通过阅读学习了解水污染的危害，教师对组内学习记录单进行评价。 • 学生认识到水污染的危害，初步形成爱护、珍惜水资源的意识。

活动Ⅱ　制作净水装置与净化污水

表 7－3　活动与评价要点

学生活动	评价要点
1. 思考：如何减少对水的污染？ 2. 阅读：对污水或者自然界的水进行处理的方法。 3. 设计：根据提供的材料设计制作净水装置。 4. 制作：制作净水器。 5. 实验：开展实验活动验证净水装置能够净化污水，观察实验现象并进行记录。 6. 交流：各小组对实验现象发现与记录。	• 学生思考，组内交流活跃，组长进行评价。 • 通过阅读，了解污水也可以进行净化。少量的污水，大自然可以“自净”，但是超过一定限度就需要使用污水净化器。 • 小组交流设计净水器的理念优势，教师评价。 • 通过塑料瓶、石英砂、活性炭、纱布等材料，制作一个简易的净水装置。评价组内合作及成果的情况。 • 学生正确使用实验器材和实验的注意事项，如搅拌的方法、静置的时间等。 • 学生对现象进行归纳与总结情况。

除了对作品的评价外，最为重要的评价点在学生对于水污染处理的认识上，学生在合作、交流中达成一致，水污染需要合理处理，在情感、态度、价值观上提高认识。

2. 表现性评价为主，评价学生学习过程

评价方式要切合学科核心要求，以学生的活动表现为主要评价依据，以教师“点评式”和学生个体、小组“自评式”定性评价为主要方式。在学习过程中，教师还要关注学生的自主学习，特别是倾听、发言和质疑，这些都是体现学生学习主动性的表现；在合作学习中，教师要重点观察学生的自主探究、合作交流以及合作成效，从这些方面对学生进行有效评价；在反思能力上，教师从再现式反思、批判式反思以及建构式反思三方面出发，评价学生在问题思考中的表现。如在“物体的形状与结构”一课中，课堂教学环节就注重评价，以评促学。

项目研究流程图

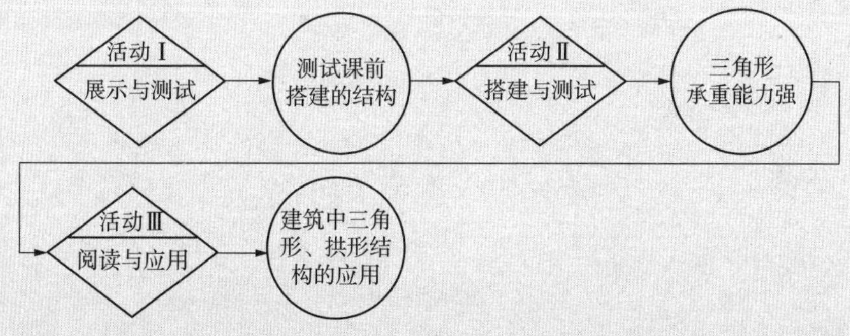

图 7-2 “物体的形状与结构”研究流程图

项目研究流程图说明

活动Ⅰ 展示与测试

教师根据各小组的情况布置课前制作任务，学生通过小组合作，围绕任务制作稳固的简单结构，并在上课时进行测试。

活动Ⅱ　搭建与测试

小组利用提供的材料，搭建、加固结构，探究增加结构承重能力的方法。

活动Ⅲ　阅读与应用

通过阅读、归纳，知道物体的形状、结构不同，物体的承重能力不同。

项目实施主要步骤

第一：课前制作测试。根据各小组的情况布置课前制作任务，学生通过小组合作，围绕任务制作坚固的简单结构，并在上课时进行测试。

第二：搭建结构。各组通过制作、实验等活动，探究不同形状、结构、连接方式对物体的承重能力的影响。

第三：阅读应用。通过阅读材料，解释使用三角形、拱形结构使建筑物稳固的原因。

活动过程

活动Ⅰ　展示与测试

表7-4　活动与评价要点

学生活动	评价要点
1. 课前布置任务：小组合作、制作承重简单结构。 2. 小组合作：使用小磁棒和小钢珠搭建三角形、四边形，比较两者谁更稳固。 3. 观看微视频，使用测试平台测试制作的结构的承重能力。	• 明确学习任务，学生合理分工，充分利用学习资源，寻找并展示最有说服力的证据，调动学生的积极性，提升参与感。 • 学生正确搭建三角形和四边形，通过拉、扭、压等方式比较哪个形状更稳固，组内进行评价。 • 学生使用正确的方法测试结构的承重能力，并进行反思性评价。

活动Ⅱ　搭建与测试

表7-5　活动与评价要点

学生活动	评价要点
1. 思考：你们制作的结构稳固吗？（制作中是什么环节使结构不稳固：连接点、侧面形状） 如何加固侧面使制作的结构更稳固？重新修改设计图。 2. 制作：小组内通过分工合作，使用竹棒、双面胶等加固制作的结构。 3. 测试：使用测试平台再次测试结构。 4. 交流：你们小组的结构承重能力还能增加吗？ （通过其他小组的交流，是否还能使自己的结构更稳固） 5. 测试：将做好的结构再次测试，观察结构承重能力是否增强。完成评价单。	● 学生通过活动Ⅰ的测试结果，发现制作结构存在的问题。组内进行评价，组长评价。 ● 教师提供材料，限定学生使用竹棒的数量，学生使用较少的材料搭建稳固的结构。教师评价。 ● 使用测试平台再次测试，通过杠铃片的数量判断结构是否更稳固，成果评价。 ● 次轮改进，通过讨论和交流，再增加结构承重能力，组内评价。 ● 使用测试平台再次测试，通过杠铃片的数量判断结构是否更稳固，组内评价。

活动Ⅲ　阅读与应用

表7-6　活动与评价要点

学生活动	评价要点
1. 阅读：《建筑中的形状》。 2. 测试：教师利用测试平台测试拱形结构的承重能力。 3. 讨论：生活中还有哪些利用三角形和拱形的例子？ 4. 课后任务：再次改进结构，提高承重能力。	● 通过阅读材料和活动Ⅱ的制作，学生了解到物体的承重能力与形状以及连接点有关。三角形、拱形更为稳固。教师评价。 ● 通过教师演示实验，学生了解到拱形也能使物体的结构更加稳固。 ● 通过一组建筑物的图片对比，加深对形状增加结构承重能力的认识。组内评价。 ● 结合阅读材料，加固结构，提高结构的承重能力。教师评价。

学生对于本组的设计与制作有一定的认识，但对其他小组的情况并不是很了解，活动Ⅱ中就充分调动学生的主动性，学生和学生之间进行评价，教师和学生进行评价，改变了原有教学的生态。这是对教学过程各部分的重新定义，学生不再是坐在教室中被动听课的人，通过评价学生增加与学习元素互动频率，提高课堂参与度，整体提高课堂学习品质。

3. 重视成果评价，提高问题解决能力

在项目学习中不但要对过程进行有效评价，对项目成果的评价同样要给予重视，这是最为显性的一种评价，学生需要这样的评价对项目学习成果肯定，一般我们会对学生项目呈现形式、项目成效以及项目推广进行有效评价，分享问题解决过程中的思考、成果，并学习他组的优秀经验改进本组项目学习成果，有效提高学生解决问题的能力，这是一种可持续发展的能力，为学生今后的学习和发展提供良好的保障。

综上所述，自然学科的项目学习活动是一种能不断激发学生积极性的活动，学生在一段时间内对项目化学习有了比较清晰的认识。在技能方面有了明显的提高。在评价上，学生也能够根据教学要求，客观进行评价，不再是由教师一人评价。这样的课程项目设计也辐射了其他学科，为其他学科的综合课改提供了依据。

后记

一转眼，从事校长工作已整整20年。20年来，一次次的教育改革，越来越多的挑战在锤打着一线教育人的心志，考验着我们的智慧和耐性。好在从新成路小学到安亭小学，我有着一群志同道合的伙伴。我们自诩为理想的现实主义者，我们的理想是为每一个公办学校学生提供适合其潜能和个性发展的充分的教育条件和教育机会，我们的身子牢牢地扎在了学校课程的建设实施中。

在安亭小学，我们几乎所有的努力都是想要将富有诗意的理念和目标转化为老师们从自发到自觉的行为。我常常被老师们投身教改的行为感动，这不仅仅是在做一所学校的课程改革，他们分明是要做一个范例，让所有老师都从这个范例中找到自己的影子，让所有老师相信，只要我们走出这一步，每一位老师都可以使我们的课堂更精彩，我们的学生更灵动。

在我看来，没有什么比让教师"卷入"到课程建设中更好的促进教师专业发展的办法了。我们最成功的策略就是将顶层设计与教师的自发自动结合起来，在安亭小学，参与课程建设的教师都是自由自主报名的。发现问题，提出方案，"先开枪再瞄准"，对焦教改方向，再让更多的教师"卷入"。于是，在安亭小学，成长起来的教师绝不是一个两个，而是一群又一群。我的喜悦，从来不是建成了什么了不得的学校课程体系或是发现了一个教学新范式，而是教师们在教学中找到了自己的专业价值。

感谢上海市教育科学研究院杨四耕老师的悉心指导！如果没有他，如我这般感性之人断无法构建那些鲜活的教学场景的逻辑。

感谢我安亭小学的伙伴们。你们，让我一次次感受到教育的崇高，享受着教育生活！

蒋明珠

2020.11.2

课堂教学的30个微技术	978-7-5760-1043-5	52.00	2020年12月
教学诠释学	978-7-5760-0394-9	42.00	2020年9月
原点教学:提升区域育人质量的策略研究	978-7-5760-0212-6	56.00	2020年8月

学校课程发展丛书

数学学科课程群	978-7-5675-9445-6	58.00	2019年8月
科学学科课程群	978-7-5675-9593-4	34.00	2019年9月
核心素养与课程设计	978-7-5675-9462-3	46.00	2019年9月
语文学科课程群	978-7-5675-9441-8	56.00	2019年9月
品牌培育与学校课程	978-7-5675-9372-5	39.00	2019年9月
英语学科课程群	978-7-5675-9575-0	39.00	2019年10月
体艺学科课程群	978-7-5675-9594-1	34.00	2019年10月
跨学科课程的20个创意设计	978-7-5675-9576-7	34.00	2019年10月
学校课程与文化变革	978-7-5675-9343-5	52.00	2019年10月

品质课程实验研究丛书

学校课程框架的建构:HOME课程的旨趣与架构	978-7-5675-9167-7	36.00	2019年9月
聚焦育人目标的课程设计:红棉花季课程的愿景与追求	978-7-5675-9233-9	39.00	2019年10月
核心素养导向的课程设计:花园式课程的文化与聚焦	978-7-5675-9037-3	48.00	2019年10月
学校课程文化的实践脉络:百步梯课程的逻辑与架构	978-7-5675-9140-0	48.00	2019年11月
学校课程发展策略:SMILE课程的逻辑与深度	978-7-5675-9302-2	46.00	2019年12月

聚焦内涵发展的课程探究:芳香式课程的理念与实施
978-7-5675-9509-5　48.00　2020年1月
以儿童为中心的课程:欢乐谷课程的旨趣与维度
978-7-5675-9489-0　45.00　2020年1月
学校课程体系的建构:"小螺号课程"的架构与创生
978-7-5760-0445-8　45.00　2020年9月
聚焦儿童发展的课程范式:暖记忆课程的理念与实施
978-7-5760-0580-6　38.00　2021年3月

特色学校聚焦丛书

不一样的生命,一样的精彩　978-7-5675-8675-8　34.00　2019年3月
童味正醇:特色学校的文化图谱
978-7-5675-8944-5　39.00　2019年8月
特色普通高中课程建设探索　978-7-5675-9574-3　34.00　2019年10月
儿童是天生的探索者:360°科学启蒙教育
978-7-5675-9273-5　36.00　2020年2月
做精神灿烂的教师:教师自我成长的5个密码
978-7-5760-0367-3　34.00　2020年7月
让教育温暖而芬芳　978-7-5760-0537-0　36.00　2020年9月
快乐教育与内涵生长　978-7-5760-0517-2　46.00　2020年12月
故事教育与儿童发展　978-7-5760-0671-1　39.00　2021年1月
美好教育:学校内涵发展的循证研究
978-7-5760-0866-1　34.00　2021年3月
把美好种进儿童心田　978-7-5760-0535-6　36.00　2021年3月

跨学科课程丛书

大情境课程:主题设计与创意评价
978-7-5760-0210-2　44.00　2020年5月

社会参与素养的培育模型与干预机制

978-7-5760-0211-9　36.00　2020年5月

大概念课程：幼儿园特色主题活动设计

978-7-5760-0656-8　52.00　2020年8月

项目学习：进入学科的课程智慧

978-7-5760-0578-3　38.00　2021年4月

核心素养导向的课堂教学丛书

漾着诗性智慧的课堂教学　978-7-5675-9308-4　39.00　2019年7月

转识成智的课堂教学:核心素养导向的历史教学

978-7-5760-0164-8　40.00　2020年5月

学导式教学:学会学习的教学范式

978-7-5760-0278-2　42.00　2020年7月

高阶思维教学的关键技术　978-7-5760-0526-4　42.00　2021年1月

特色课程建设丛书

教师,生长的课程　978-7-5760-0609-4　34.00　2020年12月

学校课程发展的实践范式　978-7-5760-0717-6　46.00　2020年12月

丰富学习经历：如歌式课程的愿景与深度

978-7-5760-0785-5　42.00　2020年12月

学科课程群设计方法　978-7-5760-0579-0　44.00　2021年3月

学校美育课程的立体建构：菁华园课程的逻辑与框架

978-7-5760-0610-0　36.00　2021年3月

关键学习素养与学科课程设计　978-7-5760-1208-8　34.00　2021年4月

学校课程设计:愿景建构与深度实施

978-7-5760-1429-7　52.00　2021年4月

生长性课程:看见儿童生长的力量

978-7-5760-1430-3　52.00　2021年4月